D0868564

Couverture et maquette intérieure
  ATELIER BALOUNE

Photocomposition
  STUDIO 5

DISTRIBUTEURS EXCLUSIFS:

• Pour le Canada
  AGENCE DE DISTRIBUTION POPULAIRE INC.,*
  955, rue Amherst, Montréal H2L 3K4, (514/523-1182)
  *Filiale du groupe Sogides Ltée

• Pour l'Europe (Belgique, France, Portugal, Suisse,
  Yougoslavie et pays de l'Est)
  OYEZ S.A. Muntstraat, 10 — 3000 Louvain, Belgique
            tél.: 016/220421 (3 lignes)

• Ventes aux libraires
  PARIS: 4, rue de Fleurus; tél.: 548 40 92
  BRUXELLES: 21, rue Defacqz; tél.: 538 69 73

• Pour tout autre pays
  DÉPARTEMENT INTERNATIONAL HACHETTE
  79, boul. Saint-Germain, Paris 6e, France; tél.: 325 22 11

Le temps des FÊTES au Québec

Bibliothèque nationale du Québec
Dépôt légal — 4e trimestre 1978

ISBN 0-7759-0622-0

Raymond Montpetit

Le temps des FÊTES au Québec

LES ÉDITIONS DE L'HOMME*

CANADA: 955, rue Amherst, Montréal H2L 3K4
EUROPE: 21, rue Defacqz — 1050 Bruxelles, Belgique

* Filiale du groupe Sogides Ltée

Nous remercions le Conseil de recherches en sciences humaines du Canada grâce auquel notre groupe de recherche a pu entreprendre son travail, le Ministère de l'Education du Québec qui a aussi subventionné nos recherches via son programme F.C.A.C. et le Haut Commissariat au sport, à la jeunesse et aux loisirs.

Sommaire

# Introduction

Depuis plus de quatre siècles, on entend le long des rives du Saint-Laurent, retentir chaque hiver les voeux de "Joyeux Noël" et ceux d'une "Bonne et Heureuse Année"; si au tout début de la colonie, ils n'étaient prononcés que par une centaine d'explorateurs, par la suite ces voeux s'échangèrent entre parents et amis venus de villages et de villes souvent éloignés.

Nous voudrions retracer, dans les pages qui suivent, l'histoire de cette période spéciale de l'année que très vite on nomma "le temps des fêtes", pour voir comment les coutumes anciennes s'implantèrent ici et évoluèrent sous l'influence de phénomènes aussi différents que les guerres, la conquête, l'industrialisation et l'urbanisation.

Peu d'historiens jusqu'ici se sont penchés sur l'étude des fêtes à l'intérieur de la société québécoise, sur les formes et les événements sociaux qui marquèrent notre culture populaire; pourtant, il y a là matière à analyse, le calendrier étant chaque année scandé par une série de jours spéciaux, par une série de "fêtes", religieuses, sociales, et politiques, qui toutes ensemble constituent une trame de fond qui définit un style de vie et une culture.

Le temps des Fêtes

En effet, à l'intérieur de la routine de la vie courante et des gestes quotidiens qui finissent par disparaître sous l'effet de la répétition, le jour de fête s'inscrit comme un *temps fort,* à savoir comme un événement spécial dont on prend conscience et par lequel les participants se sentent concernés en tant que collectivité: si une culture implique tous les aspects de la vie dite "ordinaire", à savoir la manière par exemple de manger, de construire, de travailler, de se vêtir etc..., il n'en demeure pas moins qu'elle tire une large part de sa définition de ces *temps forts* où elle s'incarne explicitement, se manifeste et se reconnaît à ses propres yeux, de ces fêtes qui s'adressent à l'ensemble de la collectivité et grâce auxquelles chacun se perçoit comme membre d'un tout cohérent.

Seuls quelques historiens de ce que l'on désigne rapidement "la petite histoire", ou encore quelques "chroniqueurs littéraires" ont abordé le thème des fêtes au Québec; par exemple Pamphile Lemay publia en 1898 un petit livre titré **Fêtes et corvées** dans lequel il passe en revue les fêtes annuelles, et en vient même à postuler que les fêtes et les amusements seraient la voie royale par laquelle l'on peut faire l'histoire *vraie* d'un peuple. Il écrit:

> *C'est faire l'histoire du peuple, histoire intime et vraie, que nul motif d'intérêt n'embellit injustement, que nulle passion ne travestit avec malice. Les récits des combats ou des luttes politiques, sont souvent entachés d'erreurs ou de préjugés; et puis, ils ne montrent une nation que revêtue en quelque sorte des costumes d'emprunt qui sont nécessaires aux comédiens qui paraissent sur la scène.*
>
> *L'histoire des grandes actions d'un peuple n'est pas toute l'histoire de ce peuple et ne le fait pas connaître entièrement; de même que la nomenclature des oeuvres d'un homme ne suffit pas pour nous éclairer sur le caractère, les manières, les passions et les vertus de cet homme. Dans l'intimité l'homme et le peuple se révèlent tels qu'ils sont; et c'est par le choix de leurs amusements, surtout, qu'ils laissent véritablement deviner la force ou la molesse de leurs caractères, la rudesse ou la douceur de leur esprit. (1)*

Nous croyons nous aussi à l'importance d'un historique des formes et manifestations sociales qui sont à la base même d'une culture populaire, mais nous ne partageons cependant pas l'hypothèse qu'il s'agit là d'un domaine qui serait un "a parte" d'innocence, un secteur "a-historique" situé hors de la réalité sociale et à l'abri des conflits d'intérêts et de valeurs; au contraire, nous pensons que le monde du travail détermine celui de la récréation et du loisir, et que les fêtes et les célébrations reprennent et exemplifient la structure et la dynamique de la société globale à un moment donné. Les fêtes, qu'organise et célèbre une société, constituent des réalités historiques à part entière, et sont alors lisibles en tant que microcosme de l'ensemble social.

Il y aurait à faire toute une typologie des fêtes célébrées au Québec, car il est certain que la fête patronale de paroisse, les fêtes religieuses, les fêtes civiles, le carnaval, les fêtes spontanées qui succèdent à un événement heureux ne sont pas tous de même nature; tous cependant relèvent de cette définition générale que J. Jacquot donne de la fête: "une manifestation par laquelle une société, ou un groupe social, se confirme dans la conscience de son existence et la volonté de persévérer dans son être." (2) Une analyse de la symbolique et du rituel d'une fête permet de déceler la marque du *pouvoir* qui l'organise: la fête contient toujours une projection idéalisée de l'image qu'un groupe social cherche à donner de lui-même, de la conception qu'il se fait du pouvoir qu'il exerce et de l'ordre social qu'il maintient. C'est ainsi qu'une messe de minuit de Noël et un réveillon en Nouvelle-France ne sont pas étrangers à la structure politique et religieuse du pays, ni à son mode de production agricole.

La fête, disions-nous, est un *temps fort* de la culture: longtemps à l'avance prévue et préméditée, elle est aussi longtemps après, remémorée et racontée. Quand elle se produit, passé, présent et avenir sont en elle autrement articulés qu'à l'ordinaire, ce qui fait de la fête un moment qui se sait et se veut exceptionnel. Chaque année au Québec, le "temps des fêtes" est un exemple de cette temporalité concentrée dans laquelle on peut lire l'inscription d'une culture dans un rituel. L'histoire du "temps des fêtes" au Québec obéit aux grandes lignes de notre histoire.

Les recherches sur lesquelles repose ce livre ont été faites dans le cadre du "Groupe de recherche en Art Populaire "(GRAP) du département d'histoire de l'art de l'Université du Québec à Montréal; nous voudrions signaler ici le travail de Mlles Jacqueline Hallé et Madeleine Forget pour constituer l'iconographie des XIXe et XXe siècles, et celui de Mlle Sylvie Dufresne pour le dépouillement des récits de voyages; signalons aussi que le travail de reproduction photographique est de François Rivard.

Première partie

 Chapitre premier

L'histoire des fêtes de Noël et du Nouvel An chez nous au Québec, remonte au tout début de la colonie française: en effet, les explorateurs qui les premiers descendirent sur les rives de notre continent et s'engagèrent dans le golfe du Saint-Laurent, apportaient avec eux leur langue, leur religion, ainsi que les traditions et les coutumes qui étaient les leurs en Europe. Il va sans dire que le christianisme comptait pour beaucoup dans la culture de ces premiers découvreurs auxquels l'histoire de nos Noëls se source, lorsque ceux-ci décidèrent d'hiverner ici, et d'implanter, en autant que les rigueurs du climat le permettaient, les rites et les cérémonies qu'ils connaissaient dans leur pays d'origine.

Le premier à passer l'hiver au "pays de Canada", fut Jacques Cartier: parti du port de Saint-Malo le 20 avril 1534 avec deux navires, Cartier se trouvait le 10 mai, sur les côtes de Terre-Neuve: c'est durant ce voyage que, le 24 juillet, il planta une croix à Gaspé, sous le regard étonné des Indiens:

> *Le vingt-quatrième jour dudit mois, nous fîmes faire une croix de trente pieds de haut, qui fut faite devant plusieurs d'entre eux, sur la pointe de l'entrée dudit havre (Gaspé), sous le croisillon de laquelle mîmes un écusson en bosse, à trois fleurs de lys, et au-dessus, un écriteau en bois, engravé en grosses lettres de formes, où il y avait Vive le Roi de France. Et cette croix la plantâmes sur ladite pointe devant eux, lesquels la regardaient faire et planter.*
> *(1)*

Quelques semaines plus tard, c'est déjà le retour en France et le 5 septembre, il arrive à Saint-Malo: l'expédition n'a donc duré qu'un peu moins de cinq mois, et l'on peut présumer que Cartier passa à Saint-Malo comme d'habitude, la Noël de 1534.

L'année suivante, s'organise le second voyage de Cartier, de loin le plus fécond en découvertes: il commence comme le premier, à Saint-Malo. Cette fois, ce sont trois navires qui prennent la direction de l'Amérique, (la Grande Hermine, la Petite Hermine et l'Emérillon), le 19 mai 1535, quelques jours après qu'on ait célébré à l'église de Saint-Malo, le dimanche de la Pentecôte. Les navires se perdirent de vue durant la traversée et naviguèrent seuls, s'étant donné rendez-vous "au havre de Blanc Sablon" où Cartier accoste le 15 juillet, et doit attendre jusqu'au 26 l'arrivée des deux autres navires. Le 29 juillet les trois vaisseaux longent la côte nord, mais contrairement à ce qui se passa lors du premier voyage, Cartier se rend compte que la terre qu'il voit au sud est une île (Anticosti) et non un cap; le 10 août, les navires s'arrêtent dans une petite baie que Cartier nomme "la baie Saint-Laurent" en l'honneur de la fête du jour, celle de Saint-Laurent diacre, mort martyr en 258; peu à peu, le nom donné à cette baie (aujourd'hui rebaptisée "Pillage Bay") sera attribué au golfe et au fleuve lui-même qui, pour Cartier et pour Champlain en 1603, était désigné "rivière de Canada".

Un mois plus tard, le 14 septembre, au sud de l'île d'Orléans, les navigateurs découvrent une rivière qui se jette dans le fleuve: il s'agit de la rivière Saint-Charles d'aujourd'hui, que Cartier nomma Sainte-Croix, encore à cause de la fête qui tombait le 14 septembre, celle de "l'exaltation de la Sainte-Croix". A l'entrée de cette rivière se trouvait le village du chef indien Donnacona, village que les indiens nommaient "Stadaconé" ce qui signifiait "roc-debout"; l'embouchure de cette rivière Sainte-Croix paraît "un lieu propice pour mettre nosdits navires en sûreté" (2), opinion dont Cartier se souviendra dans quelques mois, quand viendra le temps de choisir un site pour hiverner: nous ne sommes pas loin de l'emplacement où ces quelque cent dix hommes passeront un premier Noël en Nouvelle-France, un Noël, nous le verrons, pas très "joyeux" selon les voeux contemporains...

Cartier, qui a appris des indiens que le fleuve conduit plus loin à l'île d'Hochelaga, veut s'y rendre, et ce, malgré les avertissements que lui prodiguent Donnacona et sa tribu. Le 19 septembre il quitte Sainte-Croix à bord d'un de ses vaisseaux, le gallion "Emérillon".

Chapitre premier

Pour aller avec la marée en amont dudit fleuve: où trouvâmes à voir, des deux côtés de celui-ci, les plus belles et meilleures terres qu'il soit possible de voir, aussi unies que l'eau, pleines des plus beaux arbres du monde, et tant de vignes, chargées de raisins, le long dudit fleuve, qu'il semblait qu'elles y eussent été plantées de mains d'hommes. (3)

L'eau se faisant trop peu profonde, il ancre l'Emérillon au sud du lac Saint-Pierre, les indiens lui apprenant qu'il est à trois jours d'Hochelaga, et poursuit sa route en barques, accompagné d'une trentaine de ses hommes, jusqu'à l'île de Montréal, où il arrive le 2 octobre; le lendemain, guidés par plusieurs indiens, les Français se rendent au village indien d'Hochelaga, qui est tout près d'une montagne:

Et au milieu de ces campagnes, est située et sise la ville d'Hochelaga, près et joignant une montagne qui est à l'entour de celle-ci, labourée et fort fertile, et du sommet de laquelle on voit fort loin. Nous nommâmes cette montagne Mont-Royal. (4)

Cartier, qui cherchait le royaume du Saguenay, trouve que la saison est trop avancée pour tenter maintenant une telle expédition; le 4 octobre, il est revenu à l'Emérillon et le 11, de retour à Sainte-Croix:

Le lundi onzième jour d'octobre, nous arrivâmes au Havre de Sainte-Croix où étaient nos navires; et trouvâmes que les maîtres et mariniers, qui y étaient demeurés, avaient fait un fort devant lesdits navires, tout clos par de grosses pièces de bois, plantées debout, se joignant les unes aux autres, et tout alentour garni d'artillerie, et bien en ordre pour se défendre contre toute le pays. (5)

Ce petit fort, construit près du lieu où étaient restées les deux "Hermine", là où la rivière Lairet se jette dans la rivière Sainte-Croix (aujourd'hui Saint-Charles), est le décor précis où se déroulera le premier Noël en Nouvelle - France . De peur que les indiens puissent un jour se réunir et attaquer les français, Cartier "fit renforcer le fort; tout alentour, de gros fossés, larges et profonds, avec porte à pont-levis, et renforts de pans de bois, posés en sens contraire des premiers" (6), et organisa un guet de nuit.

Trois bateaux amarrés pour l'hiver, et un fort où se retranchent les trois équipages, totalisant cent dix hommes, parmi lesquels se trouvent deux aumôniers, Dom Guillaume Le Breton et Dom Anthoine: tout est en place pour la Noël.

La première constatation que nous devons faire, est que les récits de voyages de Jacques Cartier ne relatent aucune festivité spéciale pour le 25 décembre; quant au jour de l'An, inutile de le chercher, puisqu'en 1535, le calendrier grégorien que nous connaissons et qui, en 1582 remplaça le vieux calendrier de Jules César et fixa le premier jour de l'année au premier janvier, n'avait pas encore cours; lors du premier hivernement, le premier janvier n'était donc marqué d'aucune solennité.

Si le jour même de Noël 1535 n'a pas fait l'objet d'une attention particulière dans le récit de Cartier, nous possédons beaucoup d'informations sur les événements qui se produisirent à cette époque, événements dont la gravité assombrit au point de l'éteindre, la joie de Noël.

Au mois de décembre, fûmes avertis que la mortalité s'était mise chez ledit peuple de Stadaconé, tellement que déjà en étaient morts, par leur confession, plus de cinquante; à cause de quoi leur fîmes défense de venir à notre fort, ni autour de nous. Mais nonobstant que nous les avions chassés, la maladie commença autour de nous, d'une merveilleuse sorte et la plus inconnue; car les uns perdaient la force de se soutenir, et leurs jambes devenaient grosses et enflées, et les nerfs se contractaient et noircissaient comme du charbon, et quelques-unes toutes semées de gouttes de sang comme pourpre; puis montait ladite maladie aux hanches, cuisses, épaules, aux bras et au col. Et à tous venait la bouche si infecte et pourrie par les gencives que toute la chair en tombait, jusqu'à la racine des dents lesquelles tombaient presque toutes. Et tellement se répandit ladite maladie en nos navires, qu'à la mi-février, des cent-dix hommes que nous étions, il n'y en avait pas dix de sains, tellement que l'un ne pouvait secourir l'autre, qui était chose piteuse à voir, considéré le lieu où nous étions. Car les gens du pays venaient tous les jours devant notre fort, et voyaient peu de gens debout; et déjà il y en avait huit de morts, et plus de cinquante en qui on n'espérait plus de vie. (7)

L'hiver, et surtout la maladie, rendirent donc ce Noël fort pénible: de la mi-novembre jusqu'à la mi-avril, toute l'installation fut prise dans les glaces, au point où les quelques bien-portants se contentaient de mettre les morts sous la neige "car il ne nous était pas possible alors d'ouvrir la terre qui était gelée, tant étions faibles et avions peu de puissance". (8) A un moment, l'on ne comptait plus trois hommes en santé parmi les Français, et il semblait évident que nul ne reverrait plus la France. On comprend aisément que le narrateur de ce voyage, tant occupé qu'il est à décrire la terrible maladie, passe la cérémonie de Noël sous silence, si tant est qu'on put en tenir une.

Notre seul recours pour tenter de reconstituer ce que fut peut-être ce Noël, est la fiction: c'est bien à l'imagination que fit appel

Chapitre premier

Ernest Myrand en 1890, en publiant **Une Fête de Noël sous Jacques Cartier** (9), où il décrit l'aventure magique qui le transporta dans le temps, et lui permit d'assister à la messe de minuit sur la "Grande Hermine", en présence des quelque cinquante hommes encore valides.

> *Chacun de ces hommes portait un cierge allumé, comme autrefois aux fêtes de la Chandeleur, le clergé et le peuple dans les églises. Cela répandait par toute la chambre des batteries un flamboiement de chapelle ardente... la nécessité, capricieuse comme un artiste, a voulu, cette nuit, que Jacques Cartier rétablît à son insu cette antique observance du cérémonial breton... La nécessité impérieuse, urgente à l'extrême au Canada, le vingt-cinq décembre. La flamme de ces cinquante cierges suffit à ce besoin et supplée avec avantage au système aussi défectueux qu'insupportable des réchauds et des chaudières à feu." (10)*

Si en cette nuit, la "Grande Hermine" se fait nef d'église, la "Petite Hermine" subit aussi une métamorphose: c'est là qu'on aurait regroupé tous les malades afin de libérer la "Grande Hermine" pour la célébration. Notre témoin affirme encore:

> *Nous traversâmes l'espace qui séparait le Courlieu (ancien nom de la Petite Hermine) de la Grande Hermine, puis, après avoir soigneusement refermé sur nous l'écoutille de la Petite Hermine, nous entrâmes dans la chambre de ses batteries.*

> *Je me crus transporté dans une salle d'hôpital... Trois lampes d'habitacle suspendues par des chainettes aux baux de la caravelle éclairaient mal cette chambre de batterie où des grabats remplaçaient les canons. (11)*

Enfin, toujours durant cette même nuit de Noël, notre auteur imagine que si les vivants sont à la messe et les malades dans l'infirmerie improvisée de la "Petite Hermine", dans le troisième navire, on est à veiller les marins déjà tombés, victimes du scorbut, et à réciter les prières aux défunts.

Durant ce premier hiver "décéda jusqu'au nombre de vingt-cinq personnes des principaux et bons compagnons que nous eussions" (12); l'hécatombe ne s'arrêta que lorsque Cartier apprit des Indiens de Stadaconé, à fabriquer un remède très efficace:

> *il fallait piler l'écorce et les feuilles dudit bois, et mettre le tout à bouillir dans l'eau; puis boire ladite eau, tous les deux jours, et mettre le marc sur les jambes enflées et malades; et que ledit arbre guérissait toutes les maladies. (13)*

Les effets de ce remède furent merveilleux et préférables semble-t-il, aux soins conjugués des médecins de "Louvain et de Montpellier".

L'hiver terminé, Cartier fait une autre fois planter une croix de trente-cinq pieds le 3 mai, et le 6, quitte Sainte-Croix, avec deux navires seulement, n'ayant plus assez d'hommes pour repartir avec ses trois vaisseaux; "le seizième jour de juillet 1537, sommes arrivés au havre de Saint-Malo, grâce au Créateur, mettant fin à notre navigation, le priant de nous donner sa grâce et paradis à la fin; Amen". (14)

Voilà donc terminé un voyage long de quatorze mois, rempli de découvertes, mais aussi de multiples épreuves et difficultés: découvrant un pays, ces marins découvraient aussi en même temps que ce pays était un hiver...

Jacques Cartier reviendra hiverner une seconde fois sur les rives du Saint-Laurent; le 23 août 1541, il arrive à Stadaconé, à l'embouchure de la rivière Sainte-Croix (Saint-Charles), mais il ne reprend pas possession du fort qu'il y avait construit en 1535. Il préfère passer outre, et s'installer un peu moins près de la bourgade indienne, au sud du cap Diamant, là où la rivière de Cap-Rouge se jette dans le fleuve:

> Ledit capitaine monta avec deux de ses navires le long de la rivière au-delà du Canada et du port de Sainte-Croix, afin de voir un havre et une petite rivière qui est à environ quatre lieues plus haut: qu'il trouva meilleure et plus commode pour ancrer et laisser ses navires que la précédente (Rivière Saint-Charles)". (15)

Cartier nomme le site "Charlesbourg-Royal" et y érige un double fort:

> A l'embouchure située vers l'est il y a une falaise haute et escarpée, où nous fîmes un chemin fait comme deux escaliers, et en haut nous fîmes un fort pour surveiller celui du bas et les navires. (16)

De cet hiver 1541-1542 et de Noël, nous ne savons rien, la relation du troisième voyage étant en grande partie manquante; à partir des quelques remarques que nous lisons dans ses premières pages, nous pouvons présumer que le scorbut frappa de nouveau, mais que la connaissance déjà acquise du remède (tisane à base de cèdre blanc) permit de le surmonter efficacement. L'hiver passa à préparer "toutes les choses nécessaires" à l'expédition que Cartier projetait d'entreprendre au printemps, pour se rendre au-delà d'Hochelaga, vers le Saguenay. Nous ignorons s'il réalisa ce voyage; ce qui est sûr, c'est que l'établissement à Charlesbourg-Royal ne dura guère, et que Cartier en repart au printemps, affirmant pour se justifier "qu'il n'avait pu avec sa petite bande, résister aux Sauvages qui rôdaient journellement et l'incommodaient fort". (17)

Chapitre premier

Peut-être ce Noël se passa-t-il dans la crainte, tous étant aux aguets et barricadés dans le fort; peut-être même durent-ils repousser les assauts des Indiens et les combattre... seule la découverte de la suite de la relation du troisième voyage de Cartier pourrait nous éclairer.

Le troisième hivernement, donc le troisième Noël que passeront des Français au Québec, sera l'année suivante 1542, et ce, au même endroit que l'équipage de Cartier venait de quitter: l'expédition de Roberval s'installera à Charlesbourg-Royal, rebaptisé maintenant France-Roy, dans les mêmes bâtiments fortifiés que Cartier avait fait construire à l'automne précédent. Le Noël des gens de Roberval se déroulera donc dans

> ...un joli fort, proche et un peu à l'ouest du Canada (région immédiate de Stadaconé), lequel étoit beau à voir et d'une grande force, situé sur une montagne, dans lequel il y avait deux corps de logis, une grosse tour et une autre de quarante à cinquante pieds de long, où il y avait diverses chambres, une salle, une cuisine, des chambres d'office, des celliers hauts, et bas, et proches d'iceux, il y avoit un four et des moulins, aussi un poêle pour y chauffer les gens et un puit au-devant de la maison. Le bâtiment étoit situé sur la grande rivière de Canada... Il y avoit aussi au pied de la montagne, un autre logement, dont une partie formoit une tour à deux étages, avec deux bons corps de logis où tout d'abord furent envoyés pour y être conservés nos victuailles et tout ce que nous avions apporté avec nous; et près de cette tour, il y a une autre rivière. Dans ces deux endroits tant en bas qu'en haut, furent logés les gens du commun. (18)

L'on reconnaît là des descriptions du double fort, l'un au pied de la falaise, l'autre sur le haut, érigé par les marins de Jacques Cartier pendant que celui-ci visitait Hochelaga.

Le Noël de Roberval ne fut guère plus joyeux que les deux premiers qu'avaient connus les Français en Canada: d'abord, les vivres n'étaient pas suffisants et il fallut imposer la ration:

> On délibéra sur ce qu'il fallait faire et de la manière qu'on passeroit l'hiver dans cet endroit. On fit premièrement l'examen des provisions et l'on trouva qu'elles seroient insuffisantes. On fit le partage, de manière que chaque mess n'avoit que deux pains pesant chacun une livre, et une demie livre de boeuf. L'on mangeoit du lard au dîner, avec une demie livre de beurre; et du boeuf au souper avec environ deux poignées de fèves sans beurre. Les mercredis, vendredis et samedis, on mangeoit de la morue séchée et quelques fois verte au dîner, avec du beurre et du marsoin et des fèves au souper. (19)

Ce n'est certes pas là le plus copieux menu de Noël que connaîtra la Nouvelle-France: déjà l'on constate que les conditions matérielles constituent un facteur déterminant quant à la manière dont une fête peut être célébrée.

Cartier n'hivernant pas cette fois avec les gens de Roberval, lorsque la maladie frappe, nul n'en connaît le remède, ce qui a pour conséquence, la mort d'une cinquantaine de personnes. Le froid, la faim, la malnutrition et la maladie qui s'ensuit, encore un triste temps des fêtes... le troisième.

Le quatrième hiver dans la vallée du Saint-Laurent est celui de 1600-1601 à Tadoussac, sous la gouverne de Pierre Chauvin, qui avait obtenu un monopole du roi Henri IV, pour la traite des fourrures.

Du passage de Chauvin à Tadoussac, nous ne savons que ce que nous en dit Champlain, qui n'aime pas beaucoup le protestant Chauvin, et est très critique du lieu que celui-ci a choisi pour tenter d'implanter une colonie: "la terre, écrit Champlain au sujet de Tadoussac, est très mal disposée pour y faire un bon labourage, et où les froidures sont si excessives, que s'il y a une once de froid à 40 lieues amont la rivière, il y en a là une livre" (20).

L'hivernement des seize colons de Chauvin sera, en effet, l'un des plus pénibles: pour loger ses gens Chauvin fit construire un bâtiment, fort simple, entouré de claies, et "d'un petit fossé fait dans le sable". Les vivres étant trop peu nombreux, les querelles alimentées par la famine, s'installèrent:

> *Nos hivernants consomment en bref ce peu qu'ils avaient, et l'hiver survenant, leur fit bien connaître le changement qu'il y avait entre la France et Tadoussac; c'était la cour du roy Petault, chacun voulait commander; la paresse et la fainéantise, avec les maladies qui les surprirent, ils se trouvèrent réduits en de grandes nécessités et contraints de s'abandonner aux sauvages, qui charitablement, les retirèrent avec eux, et quittèrent leur demeure; les uns moururent misérablement, les autres pâtissant fort, attendant le retour des vaisseaux. (21)*

Encore une fois, l'hiver avec sa kyrielle de misères, faisait échouer la tentative de colonisation.

Ces quelques échecs consécutifs causent la désertion temporaire des rives du Saint-Laurent: la colonisation concentrera ses efforts du côté de l'Acadie, hors du Québec d'aujourd'hui. Il nous faut attendre l'hiver de 1608 et la fondation de Québec, pour assister à un retour des colonisateurs français, retour qui permettra de renouer avec les premiers efforts et

Chapitre premier

d'inaugurer une tradition qui désormais, sans interruption, parviendra jusqu'à nous.

En avril 1608, Champlain quitte Honfleur en tant que commandant du "Don-de-Dieu", dans le but de se rendre à Québec, et d'y hiverner pour établir un foyer permanent d'habitation. Il arrive au lieu dit Québec le 3 juillet 1608, et cherche l'emplacement le plus propice pour construire "notre logement, qui était de trois corps de logis à deux étages... Tout autour de nos logements, je fis faire une galerie par dehors au second étage, qui était fort commode avec des fossés de 15 pieds de large et six de profond." (22)

Champlain se rend compte que le lieu où il vient de décider d'ériger ses constructions, n'est pas loin du lieu où, soixante-treize ans auparavant, Cartier avait lui-même hiverné, au fort de Sainte-Croix:

> Ce fut le lieu où Jacques Cartier hiverna, d'autant qu'il y a encore à une lieue dans la rivière des vestiges comme d'une cheminée, dont on a trouvé le fondement, et apparence d'y avoir eu des fossés autour de leur logement, qui était petit... ce qui me fait dire et croire que c'est Jacques Cartier c'est qu'il ne se trouve point qu'aucun ait hiverné ni bâti en ces lieux que ledit Jacques Cartier au temps de ses découvertes, et il fallait, à mon jugement, que ce lieu s'appelait Sainte-Croix, comme il l'avait nommé. (23)

Les lieux d'habitation choisis sont donc souvent voisins, et les Noëls qui s'y dérouleront, très similaires; encore en 1608, dès novembre la maladie causa des morts, et elle s'intensifia pour atteindre son point culminant en février, alors que dix membres de l'équipage en moururent: "Quelques uns de ceux qui étaient malades du mal de la terre (scorbut), furent guéris venant le printemps, qui en est le temps de guérison" (24).

Sur les vingt-huit Français qui passent pour la première fois l'hiver à Québec, seulement huit seront encore vivants en juin: toujours le même scénario prévaut, celui du froid, de la maladie et de la mort. Les conditions de vie, loin de s'améliorer, semblent encore plus difficiles depuis que le remède secret découvert au temps de Cartier n'est plus connu des Français; c'est en vain que Champlain cherchera à identifier l'arbre miraculeux, les sauvages s'avérant incapables de le renseigner:

> L'hiver venu, plusieurs de nos Français se trouvèrent fort affligés de cette maladie qu'on appelle le scorbut, dont j'ai parlé ci-dessus. Quelques uns en moururent faute de remède prompt. Quant à l'arbre Annedda, tant célébré par Jacques Cartier, il ne se

25

*trouve plus aujourd'hui. Ledit Champlain en a fait diligente
perquisition, et n'en a su avoir nouvelle. Et toutefois sa demeure
est à Québec, voisine du lieu où hiverna ledit Cartier. Sur quoi je
ne puis penser autre chose, sinon que les peuples d'alors ont été
exterminés par les Iroquois, ou autre ennemis. (25)*

L'année suivante, Champlain doit rentrer en France, mais il
laisse à l'habitation de Québec quinze hommes sous la direction

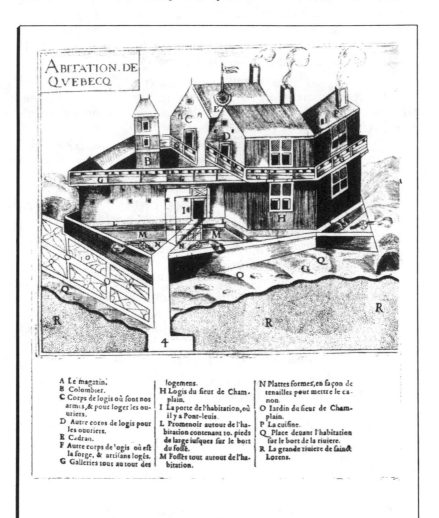

*Vue de l'habitation de Québec, telle qu'elle apparaît dans les
récits de Champlain.*

de Pierre Chauvin. Se souvenant sans doute des misères de l'hiver précédent, Champlain fait exécuter plusieurs travaux avant la venue de la saison froide, afin que tous puissent ensuite ménager leur force, et voit aussi à ce que les vivres comptent suffisamment de viande fraîche. En effet deux ans plus tôt en 1606, Champlain, qui hivernait alors à Port-Royal, en Acadie, avait pu constater qu'en faisant bonne chaire et en s'occupant du moral de ses gens,

Vue de cette même habitation, reconstituée selon les lois de la perspective moderne.

la maladie pouvait être maîtrisée; à cette fin, il avait fondé "l'Ordre du Bon-Temps", que Lescarbot décrit ainsi:

> *Je dirai que pour nous tenir joyeusement et nettement quant aux vivres, fut établi un Ordre de Table, qui fût nommé l'Ordre du Bon-Temps, mis premièrement en avant par le sieur Champlain, auquel ceux de cette table étaient Maître d'hôtel chacun à son jour, qui était en quinze jours une fois. Or avait-il le soin de faire que nous fussions bien et honorablement traités. Ce qui fut si bien observé que nous y avons fait ordinairement aussi bonne chère que nous saurions faire en cette rue aux Ours (à Paris) et à moins de frais. Car il n'y avait personne qui, deux jours avant que son tour vint ne fut soigneux d'aller à la chasse, ou à la pêcherie et n'apporta quelque chose de rare outre ce qui était de notre ordinaire. Si bien que jamais au déjeuner nous n'avons manqué de saupiquets et de chair ou de poissons, et au repas du midi et du soir, encore moins. (26)*

Grâce au gibier frais (canards, outardes, oies grises, perdrix,

George Herriot, Travels through the Canadas, London, 1807.

alouettes, caribou, castors, loutres, lapins...) l'hiver en Acadie s'était beaucoup mieux passé, et il en fut de même du second hiver à Québec; nous pouvons présumer que le Noël de 1609 à Québec fut plus serein et agréable que ceux des années antérieures: à son retour Champlain est heureux de constater:

> *Nous sûmes par un jeune gentilhomme appelé le sieur du Parc qui avait hiverné à notre habitation que tous ses compagnons se portaient bien, et qu'il n'y en avait eu que quelques uns de malades, encore fort peu et nous assura qu'il n'y avait fait presque point d'hiver, et avait eu ordinairement de la viande fraîche tout l'hiver, et que le plus grand de leur travail était de se donner du bon temps. (27)*

Pour une fois, le temps des fêtes semble donc avoir été marqué de "bon temps", et l'une des causes principales de cet état de faits est la nature des victuailles disponibles; "à la vérité, note Champlain, en otant les salures et ayant de la viande fraîche, la santé y est aussi bonne qu'en France." (28)

Le temps des Fêtes

Les Noëls à Québec se succèdent: celui de 1610 n'implique que quelque seize colons réunis dans l'habitation dont la palissade est maintenant achevée.

Le retour de Champlain en 1611 marque une date importante, celle du choix d'un emplacement apte à devenir un autre lieu d'habitation: l'île de Montréal, située alors à quelque cinq ou six jours de navigation de Québec.

Mais en tout ce que je vis, je ne trouvai point de lieu plus propre qu'un petit endroit, qui est jusque où les barques et chaloupes peuvent monter aisément... car plus haut que le dit lieu (qu'avons nommé la Place Royale) à une lieue de Mont Royal, y a quantité de petits rochers et bases, qui sont fort dangereuses et proche de ladite Place Royale il y a une petite rivière...

Ayant donc reconnu fort particulièrement, et trouvé ce lieu un des plus beaux qui fût en cette rivière, je fis aussitôt couper et défricher le bois de la dite place Royale, pour la rendre unie, et prête à y bâtir... Au milieu du fleuve y a une île d'environ trois quarts de lieues de circuit, capable d'y bâtir une bonne et forte ville, et l'avons nommée l'île de sainte Hélène. (29)

Cette place Royale ne sera pas tout de suite exploitée; il faut attendre encore trente ans pour y voir érigée une habitation comme Champlain l'avait prévue, et cette fondation sera, nous le verrons, l'occasion d'un jour de Noël très spécial. Dans l'entre-temps, c'est à l'habitation de Québec, qui n'est rien de plus qu'un poste où il est posssible d'habiter entre deux traites de fourrures, que les Français de Canada vivront le temps des fêtes; ne pouvant guère, sans vie sociale ou institutions, célébrer ces jours avec pompe et cérémonie, on doit se contenter d'une messe à la chapelle.

En 1620, l'habitation est devenue vétuste et n'est pas un décor qui incite à la réjouissance; Champlain avoue "je trouvai cette habitation si désolée et ruinée qu'elle me faisait pitié. Il y pleuvait de toutes parts, l'air entrait par toutes les jointures des planches... le magasin s'en allait tombé, la court si sale et orde, avec un des logements qui était tombé, que tout cela semblait une pauvre maison abandonnée aux champs où les soldats avaient passé." (30)

Cet hiver passa donc à réparer l'habitation et à construire sur le haut de la falaise, un fort appelé Saint-Louis. Depuis que la maladie fait moins de ravage, les mois d'hiver passent souvent à des travaux de construction: par exemple, en novembre 1623, Champlain décide de construire une nouvelle habitation en pierre pour remplacer l'ancienne datant de 1608, et durant l'hiver, l'on prépare les matériaux nécessaires, ce qui permettra à Champlain de poser la première pierre, le 6 mai 1624 (la construction durera quelque deux ans).

De 1620 à 1624, Champlain demeurait à Québec avec sa jeune femme Hélène Boullé, et l'on voit s'installer quelques familles, celles de Pierre Desportes (dont la fille Hélène née en 1620, sera le premier enfant qui survivra), de Louis Hébert, de Guillaume Couillard, d'Abraham Martin, ce qui nous incline à croire que des formes de "socialité" peuvent maintenant commencer à avoir cours: néanmoins, elles sont à l'échelle de la minuscule société où elles prennent place, et qu'un historien décrit comme suit:

> La situation n'a pas tellement changé en 1627: que trouve-t-on à Québec? un nouveau fort, qui n'est pas terminé; une Habitation qu'on a rebâtie, le magasin de la compagnie, la maison-chapelle, quelques petits logis, la demeure d'Hébert, le couvent des récollets dont on a pas réussi à faire un séminaire, un couvent pour les jésuites... le nombre des hivernants n'atteint que 72." (31)

Il faudra donc attendre quelques années, avant de trouver des descriptions plus précises des fêtes de Noël et du jour de l'an; l'on peut toutefois présumer que les premiers habitants de Québec adaptèrent à leur nouveau contexte les coutumes qu'ils avaient connues: par exemple, on sait qu'on a fêté en 1624, les Rois, en tirant la fève (32) comme c'était la coutume en France, et que pour marquer plusieurs événements heureux, on donnait des festins.

Ce début d'organisation sociale est tout de suite entravé par la guerre avec les Anglais. Dès 1627, des marchands de Londres nourissent le projet de s'emparer du Saint-laurent et le 10 juillet 1628, Champlain est sommé de capituler et de rendre Québec aux Anglais, qui sont maîtres de Tadoussac et du poste de Miscou. Champlain refuse et résiste tout l'hiver dans des conditions fort pénibles, aucune provision n'ayant pu leur parvenir de France, ce qui causa à Québec, une terrible famine: aussi, lorsque le 19 juillet 1629, les vaisseaux des frères Kirke arrivent, Champlain est forcé de capituler et décide de rentrer en France, avec soixante des quatre-vingts habitants.

C'est grâce à un "accident chronologique" et au manque de moyens rapides de communication, que cette capitulation ne mit pas un terme à l'histoire du peuplement français sur les rives du Saint-Laurent. La reddition de Québec se fit trois mois après la signature en Europe du traité de Suse, mettant fin à la guerre franco-anglaise, et Champlain multiplia, durant les trois ans qui suivirent, les démarches pour obtenir que l'Angleterre rende les territoires qui avaient été conquis en temps de paix, ce qu'elle fit par le traité de Saint-Germain-en-Laye, en 1632. Le Canada et l'Acadie redevinrent possession française, et quatre ans après un départ qui faillit être définitif, Champlain est de retour à Québec, où il doit entreprendre la reconstruction de l'habitation détruite par les soldats anglais.

Vingt-cinq ans après sa fondation, Québec n'a pas beaucoup évolué!

Le jour de Noël 1635 mettra fin à une époque de notre histoire: après avoir travaillé durant trente-deux ans à établir la Nouvelle-France et particulièrement Québec, sur des bases solides, Champlain meurt le 25 décembre 1635.

> *Le vingt-cinquième Décembre, jour de la naissance de nostre Sauveur en terre, Monsieur de Champlain, nostre Gouverneur, prit une nouvelle naissance au Ciel; du moins nous pouvons dire que s'il est mort hors de France, son nom n'en sera pas moins fait cette faveur en considération des biens qu'il a procurés à la Nouvelle France, où nous espérons qu'un jour Dieu sera aimé et servy de nos François, et cognu et adoré de nos Sauvages. Il est vray qu'il avoit vescu dans une grande justice et équité, dans une fidélité parfaite envers son Roy et envers Messieurs de la Compagnie; mais à la mort il perfectionna ses vertus, avec des sentiments de piété si grands, qu'il nous estonna tous. Que ses yeux jettèrent de larmes! que ses affections pour le service de Dieu s'échauffèrent! quel amour n'avoit-il pour les familles d'icy! disant qu'il les falloit secourir puisamment pour le bien du Pays, et les soulager en tout ce qu'on pourroit en ces nouveaux commencemens, et qu'il le feroit, si Dieu luy donnoit la santé. Il ne fut pas surpris dans les comptes qu'il devoit rendre à Dieu: il avoit préparé de longue main une confession générale de toute sa vie, qu'il fit avec une grande douleur au Père Lallemant, qu'il honoroit de son amitié. Le père le secourut en toute sa maladie qui fut de deux mois et demy, ne l'abandonnant point jusques à la mort. On luy fit un convoy honorable, tant de la part du Peuple, que des Soldats, des Capitaines et des gens d'Eglise: le Père Lallemant y officia, et on me chargea de l'Oraison funèbre, où je ne manquai point de sujet. Ceux qu'il a laissé après luy ont l'occasion de se dire que s'il est mort hors de France, son nom n'es sera pas moins glorieux à la Postérité. (33)*

Ce deuil a sûrement couvert tout le temps des fêtes de 1635.

Le fondateur de Québec n'est mort que depuis quelques années quand le projet d'un second établissement permanent en Nouvelle-France se précise. Jérôme Le Royer de La Dauversière qui habite La Flèche en France, fonde avec Jean-Jacques Olier et le baron de Fancamp, la Société de Notre-Dame de Montréal qui compte aussi Paul Chomedey de Maisonneuve, Jeanne Mance et

Angélique de Bullion: leur but est d'établir dans l'île de Montréal un deuxième centre de colonisation et d'évangélisation. Les membres de cette société, dont plusieurs ne viendront jamais en Nouvelle-France, joueront néanmoins un rôle de premier plan dans la fondation de Ville-Marie.

En août 1641, Jeanne Mance et Maisonneuve arrivent à Québec, où le gouverneur Montmagny les accueille: les futurs Montréalais sont au nombre de cinquante-quatre, dont quatre femmes, et ils doivent tenir bon devant les gens de Québec qui leur déconseillent fortement de chercher à habiter l'île de Montréal, en plein territoire Iroquois. Dès l'automne, ils organisent un rapide voyage de reconnaissance: ils quittent Québec le 10 octobre pour arriver à Montréal le 14, et prendre possession de la Place Royale que Champlain avait défrichée en 1611; après quoi ils reviennent hiverner à Québec. Maisonneuve et Jeanne Mance habiteront à Sillery (près de Québec), alors que d'autres membres de leur groupe hivernent à Sainte-Foy; tous sont logés dans deux maisons appartenant à Pierre de Puiseaux qui se laissera gagner au projet de Ville-Marie et, le 23 décembre 1641, fera don de ses deux propriétés à Maisonneuve.

Dès les glaces fondues, le 8 mai, la colonie de Ville-Marie quitte Québec pour son nouveau lieu d'habitation:

> *Le dix-septième jour de mai de la présente année 1642, Monsieur le Gouverneur met le sieur de Maisonneuve en possession de cette île, pour y commencer les premiers bâtiments: le R.P. Vimont fit chanter le Veni Creator, dit la sainte Messe, exposa le Saint-Sacrement, pour implorer du ciel un heureux commencement à cet ouvrage; l'on met incontinent après les hommes en besogne; on fait un réduit de gros pieux pour se mettre à couvert contre les ennemis. (34).*

Durant l'été, on défriche et on construit: il faut ériger une palissade, creuser un fossé, dresser une habitation, une chapelle, et tout cela, avant que les Iroquois ou l'hiver ne surprennent les nouveaux venus. Le 15 août arrivent de France via Québec une autre douzaine de colons destinés à Ville-Marie:

> *Une des choses des plus remarquables qui se trouve dans l'habitation de Montréal, est la grande union et la bonne intelligence de tous ceux qui y demeurent. Il y a environ cinquante personnes de divers pays (régions), de différentes humeurs, de diverses conditions, et tous d'un même coeur et dans un même dessein de servir Dieu. Chacun s'est si bien acquitté de son devoir envers Dieu et les hommes, qu'on a trouvé aucun sujet de se plaindre, l'espace de dix mois entier. (35)*

Le temps des Fêtes

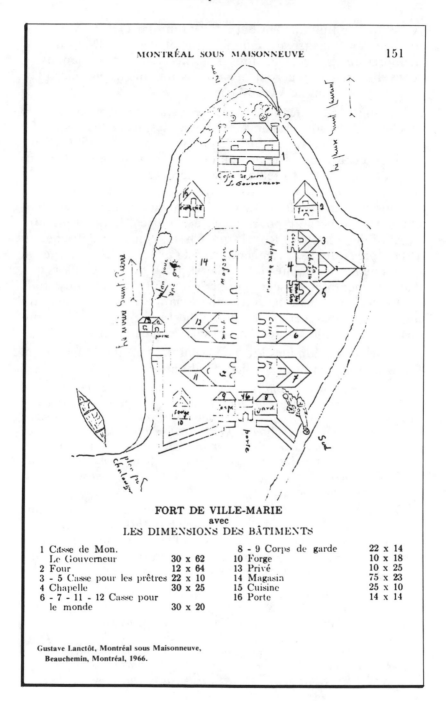

FORT DE VILLE-MARIE
avec
LES DIMENSIONS DES BÂTIMENTS

1 Casse de Mon.			8 - 9 Corps de garde	22 x 14
Le Gouverneur	30 x 62		10 Forge	10 x 18
2 Four	12 x 64		13 Privé	10 x 25
3 - 5 Casse pour les prêtres	22 x 10		14 Magasin	75 x 23
4 Chapelle	30 x 25		15 Cuisine	25 x 10
6 - 7 - 11 - 12 Casse pour			16 Porte	14 x 14
le monde	30 x 20			

Gustave Lanctôt, Montréal sous Maisonneuve,
Beauchemin, Montréal, 1966.

34

Chapitre premier

A peine installée, la petite communauté naissante est gravement menacée par une innondation du Saint-Laurent et de la petite rivière Saint-Pierre qui bordait alors le fort de la Place Royale , cette inondation atteint son point le plus fort durant la nuit de Noël 1642. Le premier Noël à Montréal sera donc lui aussi vécu dans la crainte et les difficultés; en voici le récit:

Dieu nous a fait voir le soin qu'il a de cette habitation, la deffendant cet hyver contre les eaux, qui par une creue extraordinaire la menacèrent d'une ruine totale, s'il n'en eust par sa providence arresté le cours: elles couvrirent un peu de temps les prairies et les lieux voisins du fort; chacun se retire à la veüe de cette inondation qui s'augmentoit tousjours, dans l'endroit le plus asseuré. On a recours aux prières; Monsieur de Maisonneuve se sent poussé intérieurement d'aller planter un Croix au bord de la petite rivière, au pied de laquelle est bastie l'habitation, qui commençoit à se déborder, pour prier sa divine Majesté de la retenir dans son lieu ordinaire, si cela devoit estre pour sa gloire, on de leur cognoistre le lieu où il vouloit estre servy par ces Messieurs de Montréal, afin d'y mettre le principal establissement, au cas qu'il permît que les eaux vinssent à perdre ce qu'on venait de commencer. Il proposa aussi-tost ce sentiment aux Pères, qui le trouvèrent bon; il l'escrit sur un morceau de papier, le fait lire publiquement afin qu'on recognust la pureté de son intention, s'en va planter la Croix que le Père bénit, au bord de la rivière avec l'excrit qu'il attache au pied, s'en retourne avec promesse qu'il fait à Dieu de porter un Croix luy seul sur la montagne de Mont-Royal, s'il luy plaist d'accorder sa demande. Les eaux néantmoins ne laissèrent de passer outre, Dieu voulant esprouver leur foy. On les voyait rouler de grosses vogues, coup sur coup, remplir les fossez du fort, et monter jusqu'à la porte de l'habitation et sembler devoir engloutir tout sans resource: chacun regarde ce spectacle sans touble, sans crainte, sans murmure, quoy que ce fut au coeur de l'hiver en plein minuit, et lors même qu'on célèbre la Naissance du Fils de Dieu en terre. Le dit sieur de Maisonneuve ne perd pas courage, espère voir bientôt l'effet de sa prière, qui ne tarda guère, car les eaux après s'être arrêtées peu de temps au seuil de la porte sans croître davantage, se retirèrent peu à peu, mettant les habitants hors de danger et le Capitaine dans l'exécution de sa promesse.

Il emploie sans délai ses ouvriers, les uns à faire un chemin, les autres à couper les arbres, les autres à faire la croix; lui-même met la main à l'oeuvre pour les encourager par son exemple. Et le jour étant venu, qui fût le jour des Rois, qu'on avait choisi pour cette cérémonie, on bénit la Croix, on fait Monsieur de Maisonneuve premier soldat de la Croix, avec toutes les cérémonies de l'Eglise; il la charge sur son épaule, quoique très pesante, marche une lieue entière chargé de ce fardeau, ouvrant la Procession, et la plante sur la cime de la montagne. Le Père du Perron y dit la Messe, et Madame de la Pelletrie y communia la première.

On adore la Croix et les belles Reliques qu'on avait enchassées dedans, et depuis ce temps-là, ce lieu fût fréquenté par divers pélerinages. Ainsi il semble que le zèle, la dévotion et la charité de tous ces Messieurs qui se sont associés en France à ce pieux et noble dessein s'est respandue et communiquée à tous ceux qui ont demeuré par de-çà en leur habitation, lesquels ont esté touché bien

P.L. Morin, Le vieux Montréal.

_____ *La Fondation de Montréal date du 18 mai 1642.* _____

La première construction batie à Montréal était une cloture de palis située où s'élève actuellement le nouvelle maison.

A. *Le Fort, construit en 1643, était un quadrilatère régulier, avec quatre bastions en maçonnerie qui se flanquaient très bien. Cette fortification, dont les courtines étaient en bois, mesurait 50 toises de front (320 feet) et 2 toises de hauteur; l'intérieur contenait une chapelle, un hopital, des logements pour les colons et la garnison; on y eleva aussi des magazins d'entrepôt, et près du Fort, on établit le premier Cimetière* (E.) *ouvert à Montréal. Ce Fort fut démoli en 1672*

B. *L'Hôtel Dieu fût fondé en 1642, à la Pointe à Callières. En 1644 on construisit cet Hopital sur les rues St. Paul et St. Sulpice, le premier bâtiment qui fut élevé à l'adjonction de ces rues avait 60 pieds de longueur par 24 de largeur.*

C. *Résidence de Mr. de Chomedey, Sr de Maisonneuve, premier Gouverneur de Montréal, bâtie en 1652 et occupée par quatre prêtres missionnaires du seminaire St. Sulpice de Paris, qui arrivèrent à Montréal en 1657.*

D. *Moulin à vent construit en 1643*

particulièrement de Dieu, et ont tesmoigné avoir reçue beaucoup de faveurs et graces du Ciel, puisque la vie qu'ils y ont menée l'Hyver a esté une image de la primitive Eglise. Tous y ont vescu avec joye, souffrans les incommodités d'une nouvelle demeure, en un pays desert, où pas-un n'a esté malade, ce qui ne s'est encore jamais remarqué en aucune nouvelle habitation par deçà. (36)

Ce récit détaillé nous permet de cerner avec précision, l'atmosphère qui régnait à Montréal durant ce premier temps des fêtes, de la veille de Noël aux Rois.

En mars 1643, l'habitation de Montréal est terminée et elle comprend un entrepôt, une chapelle et un logement pouvant accueillir une soixantaine de personnes: l'on tirera du canon pour fêter le 15 mai, jour de la fête de Saint-Joseph, la fin des travaux. A peine deux mois plus tard, les Iroquois surprendront six français hors de la palissade, à deux cents pas de l'habitation: ils en tuent trois Guillaume Boissier, Bernard Berté et Pierre Laforest, et prennent les trois autres prisonniers. Peu à peu les Français remarquent l'absence de ces six hommes: une patrouille découvrira "hors les murs" les trois cadavres. L'enterrement de ces trois premières victimes inaugure le premier cimetière de Montréal, au confluent de la petite rivière Saint-Pierre et du fleuve Saint-Laurent. Dorénavant, Ville-Marie se sait sous la menace constante d'attaques meurtrières, et la vie quotidienne doit sans cesse compter avec cette dure réalité; la peur et la nécessité de se défendre accompagnent toutes les occupations et activités. En août, lorsqu'arrivent à Ville-Marie les quarante nouveaux colons, venus de France sous la direction de Louis d'Ailleboust, ils n'osent même pas quitter leur barque, et ceux de l'habitation craignent aussi d'aller à leur rencontre.

Dans la brochure qui paraît en 1643 sous le titre "Les véritables motifs de Messieurs et Dames de la Société de Notre-Dame de Montréal, pour la conversion des Sauvages de la Nouvelle-France", nous trouvons cette description de la Ville-Marie des commencements; on y voit:

...l'édifice d'un fort de défense, d'un hôpital pour les malades, d'un logement déjà capable pour soixante-dix personnes qui y vivent, et que l'on augmente tous les jours, avec deux Pères Jésuites qui leur sont comme Pasteur, y ont une chapelle qui sert de Paroisse, sous le titre de Notre-Dame, à laquelle avec l'île et la ville qu'on y désigne sous le nom de Ville-Marie, elle est dédiée. On y fait le pain bénit, procession aux bonnes fêtes; le Salut du St. Sacrement les Jeudy au soir au retour de la journée des ouvriers... et autres cérémonies de l'Eglise. (37)

Le temps des Fêtes

Le nouveau-venu d'Ailleboust, qui est ingénieur, remplace la première palissade par un vrai mur d'enceinte et fait construire quatre bastions au quatre coins: l'habitation devient une véritable forteresse pour le second hivernement à Montréal, celui de 1643-1644. L'on ose guère quitter l'enceinte fortifiée, sauf pour quelques pélerinages à travers la forêt, vers la croix plantée sur la montagne, aux Rois de l'année précédente.

Il n'y a pas que dans les centres d'habitation de Ville-Marie et de Québec que Noël se fête; les missionnaires français qui vivent parmi les Indiens ont là aussi fait respecter les traditionnelles cérémonies de la Nativité, souvent dans un cadre assez inhabituel: voici par exemple, la description du Noël de 1644, en pleine bourgade indienne:

> *Les Festes & les Dimanches estoient gardées tres-sainctement, ces bon Neophytes se confessoient & se communioient avec une joye incomparable, admirans l'excez des bontez de celuy qui ne dédaignoit pas la bassesse de leurs huttes & de leurs cabanes.*

> *Les Sauvages ont une dévotion particulière à la nuit qui fut éclairée de la naissance du Fils de Dieu, il n'y eut pas un qui ne voulut jeûner le jour qui la précède. Ils bastirent une petite Chapelle de branches de cèdres & de sapin en l'honneur de la creiche du petit Jésus, ils voulurent faire quelques pénitences pour se mieux disposer à la recevoir dans leurs coeurs en ce jour sacré, & ceux-là mesme qui estoiest esloignez de plus de deux journées se trouvèrent à point nommé pour chanter des Cantiques en l'honneur de l'Enfant nouveau né, & pour s'approcher de la table où il a voulu estre le mets adorable, ny l'incommodité de la neige, ny la rigueur des froids ne pût estouffer l'ardeur de leur dévotion, cette petite Chapelle leur semblait un petit Paradis.*

> *Ils prièrent le Père de faire pour leur consolation & pour leur instruction dans leurs Chapelles volantes, tout ce que nous faisons dans nos Eglises fixes & arrestées. (38)*

Le caractère pittoresque et inusité d'une telle célébration ne doit pas faire oublier les difficultés et les risques d'une mission de ce genre.

Dans plusieurs villages indiens, les missionnaires faisaient construire des crèches pour Noël: leur succès attirait même les indiens non baptisés:

> *Une petite crèche qu'il dressa à Noël, qui fût éclairée de quantité de Lumières et ornée de verdure excita merveilleusement la dévotion des chrétiens qui donnaient à l'enfant Jésus des marques de leurs reconnaissance et de leur amour en chantant. Il n'y eut pas moyen de résister aux instances que firent ceux qui sont encore*

infidèles d'entrer et de contenter leur curiosité par une longue
considération, de tout ce qui rendait le lieu agréable à leurs yeux,
la fête se passa à chanter et à prier plus longtemps qu'à l'ordinaire
nonobstant la rigueur du froid; et parce que le concours de toute
sorte de gens était trop grand il fallut se tenir à la porte de la
chapelle pour n'y permettre l'entrée qu'aux personnes de choix
tandis que les chrétiens jouissaient tout à fait à loisir de cette
représentation de la naissance de notre seigneur. Leur dévotion
pour cet aimable mystère est si tendre, que pour favoriser leur
piété le Père leur permit de continuer leurs airs et leurs chansons
de Noël jusqu'à Paques. (39)

Le rituel religieux de la nativité jouit donc auprès des indiens
d'un prestige et d'une popularité exceptionnels, probablement à
cause de la mise en scène liturgique et de l'ornementation spéciale
qui accompagnent cette fête. Voici un autre témoignage qui
confirme cette opinion:

Tous nos sauvages mais particulièrement les hurons font
paraître qu'ils ont une estime particulière pour le mystère tout
aimable de la connaissance de notre seigneur Jésus-Christ. J'en ai
vu donner de bonnes preuves à ceux-ci. Ils exhortaient eux-mêmes
le père longtemps avant la fête de disposer toutes choses pour la
faire célébrer le plus solennellement qu'on pourrait. Ils envoyèrent
leurs enfants pour chercher ce qui pourrait servir à faire une grotte
où l'on devait faire une représentation du mystère, et je pris plaisir
d'entendre une petite fille qui ayant porté avec grand soin un beau
gazon dit qu'elle l'avait fait dans la pensée et l'espérance qu'on le
coucherait sur ce gazon le petit enfant Jésus. Nos bons chrétiens
firent des préparatifs plus solides, car ils se confessèrent tous, et
ceux à qui on permit de se communier le firent fort dévotement à
la messe de minuit. La grotte qui était fort dévote fut
incessamment visitée et se seroit une chose fort longue mais tres
belle d'exprimer leurs sentiments comme ils les expriment eux-
mêmes parlant au divin enfant. (40)

Il est certain qu'un tel apparat et que l'aspect théâtral de la
célébration constituaient des éléments qui stimulaient beaucoup
l'adhésion de ces populations autochtones, sensibles aux rites et
aux fêtes impliquant des manifestations collectives.

En décembre 1645, le pape Innocent X accorde un Jubilé, c'est-
à-dire une période de jeûne et de prières qui permet d'obtenir une
indulgence plénière; ce Jubilé marque les fêtes de manifestations
spéciales:

Le 17 (décembre) commença le Jubilé accordé par Innocent X.
On ne fit point ici de procession; mais le matin de ce Dimanche,
qui était le 3e de l'Avent, après l'eau bénite faite et jettée, on

*commença un Veni Creator, pendant lequel le St-Sacrement fut
exposé, et ensuite on dit la grande messe du Dimanche (avec
parements violets et sans Gloria), avec commémoration du St-
Sacrement; pendant le Veni Creator lors qu'on exposait le St-
Sacrement, on tira trois coups de canon. Les trois stations étaient
la paroisse de Québec, les Hospitalières et les Ursulines... Les
Ursulines entre autres firent de belles aumones d'étoffe aux
pauvres français et sauvages. Pour nous, nos aumones principales
furent de 7 pains chacun de la valeur de 14 sols, pour autant de
personne que nous étions à cette maison de Québec. (41)*

L'on profitait souvent du temps des fêtes pour baptiser les
Indiens qui avaient auparavant été instruits des choses de la
religion: par exemple, les Jésuites en mission baptiseront les
convertis le 1er janvier 1639:

*Ce fut le premier jour de l'an 1639 que ces baptêmes se firent,
dont le lendemain qui était Dimanche ces Néophytes s'étant
trouvés ensemble pour la première fois à la Messe, au nombre de
cinq ou six, on pourrait remarquer ce 2e jour de la présente année
pour le premier de la naissance de cette Eglise nouvelle, le nombre
étant suffisant pour porter le nom d'assemblée ou congrégation.
(42)*

Il en fut de même en 1645 à Québec, où l'on fit deux baptêmes
le 23 décembre à la chapelle: et le lendemain, c'est la messe de
minuit, tradition qui parviendra jusqu'à nous:

*Le 1er coup de la messe de minuit sonna à onze heures, le 2ième
un peu devant la demi, et pour lors on commença à chanter deux
airs: Venez mon Dieu etc, et Chantons Noël. Mons. de la Ferté
faisait la basse, St. Martin jouait du violon; il y avait encore une
flute d'Allemagne, qui ne se trouva pas d'accord quand se vint à
l'Eglise. Noue eumes fait un peu devant minuit; on ne laissa pas
chanter le Te Deum, et un peu après, on commença la messe; le
pain bénit se fit lors que le prêtre alla pour ouvrir son livre. Ce fut
le premier depuis plusieurs années, qu'il avait été intermis pour les
préférences en la distribution que chacun prétendait. Le
renouvellement s'en fit par la dévotion des taillandiers, qui eurent
l'église, commençant tantôt par en haut, et tantôt par en bas. (43)
disposés à remettre cette coutume;... Ce que l'on fit pour obéir aux
brouilleries des préférences prétendues, fût d'ordonner qu'en
ayant donné au prêtre le reste comme il viendrait et se trouverait à
l'église, commençant tantôt par en haut, et tantôt pas en bas. (43)*

Cette tradition du "pain bénit" remonte loin dans l'histoire de
l'Eglise; il semblerait qu'on commença par donner le pain bénit à
ceux qui se préparaient à devenir chrétiens, aux catéchumènes,
afin de les préparer à la communion qu'ils pourraient faire plus

tard. Avec le temps, les fidèles voulurent tous, en plus de communier, de ce pain bénit par le prêtre et distribué lors de la grand-messe. Ce sont les paroissiens eux-mêmes qui offrent à tour de rôle le pain nécessaire à cette cérémonie, et en 1670, cela devint une obligation; on sévira alors contre ceux qui refusent "de prendre le Pain Bénit à leur tour, quoiqu'ils y soient naturellement obligés en qualité de paroissiens." (44)

La cérémonie du pain bénit, avec les querelles de préséance qu'elle suscite, montre que la minuscule société de Québec est déjà aux prises avec des problèmes de primauté et de hiérarchie sociale: dans une collectivité quotidiennement occupée à des tâches et des travaux urgents, les distinctions sociales, bien qu'existantes, n'ont pas toujours l'occasion de se manifester: aussi, dans le rituel des fêtes religieuses, la pyramide sociale cherche à s'affirmer clairement et parce que la tradition ici n'existe à peu près pas, plusieurs tentent de fonder leur "distinction" sur des arguments différents, espérant accéder aux meilleures places, derrière celles des autorités gouvernementales et religieuses. Ces deux autorités incarnées dans les personnes du Gouverneur et de l'Evêque, se heurtent souvent sur des questions de "décorum", chacun étant fort préoccupé de la place qui lui revient: voici par exemple, une contestation que le Gouverneur amorça au sujet du cérémonial qui fût utilisé à Québec, lors de la messe de minuit de Noël 1659:

> Le diacre M. Pelerin à la messe de minuit et à celle du jour ayant fait encenser M. le Gouverneur par le thuriféraire au lieu de l'encenser lui-même selon la coutume (et ce par l'ordre de Mons. l'Evêque), Mons. le Gouverneur s'en resentit bien fort, de sorte qu'il vint à examiner ses droits, et ayant trouvé que dans le cérémonial des Evêques il y avait qu'il devait être encensé immédiatement après l'Evêque, non seulement il prétendit être encensé par le diacre à la messe, mais aussi par le prêtre assistant qui avait encensé aux vêpres l'Evêque, et ce, immédiatement après l'Evêque, avant les prêtres du choeur, soit à la messe, soit aux vêpres; sur quoi y ayant eu grande contestation entre Mons. l'Evêque et Mons. le Gouverneur, celui-ci se fondant sur le texte du cérémonial, l'autre sur l'usage de France, qu'il disait être contraire, et surtout sur l'usage et la possession dans laquelle on était de faire encenser les prêtres du choeur auparavant le Gouverneur, et ce depuis le commencement du service fait à l'Eglise nouvelle. (45)

Les femmes aussi sont accusées de provoquer des incidents autour du pain bénit, soit qu'elles l'habillent trop ou qu'elles-mêmes s'habillent trop peu!

Le temps des Fêtes

En effet, lors d'une distribution de ce pain ayant lieu à Québec en 1646, une certaine Madame Marsolet causa un certain émoi que les bons pères cherchèrent à atténuer:

> *Le Dimanche devant la septuagésime, Madame Marsolet devant faire le pain bénit, désira le présenter avec le plus d'appareil qu'elle pourrait; et y fit mettre une toilette, une couronne de bouillons de gaze ou de linge à l'entour. Elle désirait y mettre des cierges de quarts d'écus aux cierges au lieu d'écus d'or qu'elle eut bien désiré y mettre; mais voyant qu'on ne lui voulait point permettre, elle ne laissa pas de la faire porter avec toilette et la couronne de bouillons; mais devant que le bénir, je fis tout ôter, et le bénis avec la même simplicité que j'avais fait les précédents, par crainte que ce changement n'apportât de la jalousie et de la vanité. (46)*

Quelques années plus tard, en février 1682, Mgr de Laval déplorant que l'on voit "des filles et des femmes qui osent s'approcher des sacrements, présenter le pain-bénit, venir à l'offrande et faire la quête dans l'église, en cet état indécent" état qui permet de "voir des nudités scandaleuses de bras, d'épaules et de gorges se contentant de les couvrir de toile transparente, qui ne sert bien souvent qu'à donner plus de lustre à ces nudités honteuses." (47)

Chacun cherche à se distinguer comme il peut: le jour de l'Epiphanie 1660, ce sont les soldats qui y mettent du leur:

> *Les soldats faisant le pain bénit ce jour-là firent retentir les tambours et flûtes, et vinrent de la sorte à l'offrande et s'en retournèrent de la sorte à la fin de la messe, ce qui choqua puissamment monsieur l'évêque. (48)*

Ainsi le moindre rituel un peu spécial peut devenir l'occasion dont quelques-uns se saisissent pour se mettre en valeur indûment et "ambitionner sur le pain-bénit", si un certain esprit mystique souffle sur la petite communauté de Ville-Marie, la société de Québec semble déjà obéir aux règles qui divisent nos collectivités.

Durant cette messe de minuit de décembre 1645 à Québec, comme en plusieurs autres occasions solennelles, l'on voulut faire tirer des coups de canons, privilège du gouverneur:

> *Monsieur le Gouverneur avait donné ordre de tirer à l'élévation plusieurs coups de canon lors que notre F. le sacristain en donnerait le signal; mais il s'en oublia, et ainsi on ne tira point: le monde communia à la fin de la grande messe, après laquelle s'en dit une basse. (49)*

Le canon, instrument qui sert lors des fêtes civiles, se voit donc aussi confier un rôle à l'intérieur du cérémonial religieux.

Chapitre premier

La cérémonie de Noël n'est pas à l'abri de quelques incidents:
ainsi, comme pour toutes les messes durant l'hiver, il fallait voir à
chauffer l'église durant la messe de minuit: toujours en 1645, cela
provoqua presque à Québec, un incendie:

> *Il y avait quatre chandèles dans l'Eglise dans des petits
> chandeliers de fer en façon de gondole, et cela suffit. Il y avait en
> outre deux grandes chaudières fournies du magasin pleines de feu
> pour réchauffer la chapelle; elles furent allumées auparavant sur le
> pont. On avait donné ordre de les ôter après la messe; mais cela
> ayant été négligé, le feu prit la nuit au plancher qui étoit au dessous
> de l'une des chaudières dans laquelle il n'y avait pas au fond assez
> de cendre. Mais par bonheur "dirigente Domino" le feu ne parut
> que sur les 5 heures du matin au dessus de notre salle ou réfectoire
> et cuisine, dans laquelle était Pierre Gontier notre cuisinier, qui
> s'apercevant de cela monta aussitôt et sans autre bruit éteignit le
> feu. (50)*

Si ce feu put être évité et resta sans conséquence ça ne sera pas
toujours le cas, et plusieurs églises seront détruites par des
incendies; d'ailleurs l'année suivante, pour la messe de Noël de
1646, l'on précise que "le temps fût si doux qu'on n'eut pas besoin
de réchaud sur l'autel pendant toutes les messes" (51); peut-être
l'expérience du dernier Noël aidait-elle à se convaincre que cette
année, il faisait assez chaud dans l'église...

D'autres genres d'incidents pouvaient troubler la nuit de Noël
et la piété qui devait en être la marque: dès ce Noël de 1645, à
Québec, l'alcool se met de la partie, et est sévèrement réprimé:

> *Deux de nos Français s'étant mis à boire, attendant la messe de
> minuit, s'enivrèrent avec beaucoup de scandale de quelques
> Français et Sauvages qui les virent; on prêcha fortement contre, à
> raison de ce que les Sauvages disaient: "On nous fait prendre la
> discipline quand nous nous ennivrons, et on ne dit rien aux
> Français". Il n'en fallait pas davantage que ce qui fût dit en public.
> Mons. le gouverneur les fit mettre sur le chevalet exposés à un
> nord-est épouvantable. (52)*

Quelques années plus tard, pour le Noël de 1662, l'alcool fait
des ravages même parmi les enfants de choeur:

> *Il y eut un désordre pour les boissons des chantres ou enfants de
> notre séminaire; je leur fis donner outre leur bière un pot de vin la
> veille et le jour les marquillers aussi leur en donnèrent sans que
> nous le sachions. Cela enrhuma Amodor qui ne peut plus ensuite
> chanter les fêtes, aussi bien que d'autres musiciens. (53)*

Le temps des fêtes semble déjà dans la colonie, un temps
propice pour le commerce de l'alcool; en date du 26 décembre
1657, on peut lire, dans le **Journal des Jésuites** ce qui suit:

Le 9 Décembre on dressa un cabaret aux Trois-Rivières, où l'on vendait aux Sauvages du vin; deux pots pour castor d'hiver, un pot pour castor d'été. Ce cabaret fût établi par M. de la Poterie du consentement de quelques habitants. Et comme les désordres ne cessaient pas par ce moyen on se plaignit de ce cabaret; si bien que M. de la Poterie fût obligé d'envoyer à Québec pour savoir la volonté de Mr le Gouverneur touchant ledit cabaret. La conclusion fut qu'il ne fallait point continuer. On ne laissa pas toutefois de continuer. (54)

La vente d'alcool aux Indiens sera au centre d'une longue polémique où les nécessités de l'économie (traite des fourrures) viennent en contradiction avec les impératifs de la morale et de l'évangélisation: aussi tôt que 1632, le jésuite Le Jeune déplore dans sa **Relation** l'ivresse générale qui prévaut souvent chez les Sauvages et le 7 mars 1657 un arrêt du gouvernement royal interdit de vendre des boissons enivrantes aux Sauvages: Mgr Laval ira jusqu'à accompagner cette interdiction d'excommunication mais de toutes façons, il paraît impossible de faire respecter par tous ce règlement, et en 1662, le Gouverneur d'Avaugour change d'idée, malgré l'avis des autorités religieuses: "Il y eut grand bruit pour la permission des boissons aux Sauvages que donna Mons. le Gouverneur: on n'oublia rien pour s'y opposer excepté l'Excommunication." (55) Plus tard en mai 1679, sur proposition de Louis Jolliet, on optera pour un compromis à savoir permettre la vente d'alcools aux Sauvages seulement à l'intérieur de la colonie, à doses modérées, mais ne pas la permettre dans les bois. Comme on le voit cette question d'alcools dépasse largement le cadre des festivités de Noël et du jour de l'an: elle est au coeur du système d'échanges sur lequel repose l'équilibre économique de la colonie naissante: le temps des fêtes ne fait qu'accroître un fléau qui dure à l'année longue.

Pour revenir au Noël de 1645 et au Jubilé, la communauté de Québec reçut le 26 décembre, la visite des Indiens de Sillery, qui vinrent en pélerinage pour accomplir eux aussi les devoirs conduisant à l'indulgence plénière:

L'embarras que la venu des vaisseaux apporte, nous fit rejetter le Jubilé de l'an passé en un temps plus commode pour le gagner avec plus de repos on le publia quelques jours devant la naissance du Sauveur. Les Chrétiens de S. Joseph qui n'avaient point encore oui parler de cette dévotion, s'y préparent avec une affection toute extraordinaire. On leur dit que les dispositions pour obtenir ce pardon, étaient le jeûne, l'aumône et la prière ou l'oraison: pour le jeûne, ils le gardèrent bien aisément; car ils n'avaient pas beaucoup de choses à manger en ce temps-là...

Pour l'aumône, ils avaient plus de peine; car ils ne savaient que donner, l'or et l'argent n'ont point de cours parmi ces peuples, et leur pauvreté les dispensa aisément d'être prodigues...

Quant à l'oraison, ils ne manquèrent pas de faire leurs Stations, et avec cela d'assister tous à une Procession assez fâcheuse et difficile qu'ils firent depuis S. Joseph jusqu'à Québec; il y a environ une lieue et demie de chemin. Elle se fit le jour de saint Etienne le lendemain de Noël, par un temps extrêmement froid, ils marchaient tous deux à deux en bel ordre, les enfants voulurent être de la partie. La croix et la bannière marchaient devant, les Pères qui ont soin de cette petite Eglise conduisaient leur troupeau; ils entonnent des Hymnes en sortant de l'Eglise, ils continuent leur Procession, récitant leur Chapelet et faisant d'autres prières. Arrivant à Québec, ils ravirent les Français: leur première Station fût en l'Eglise des Mères Ursulines, où ayant prié Dieu et chanté quelques cantiques spirituels, ils tirèrent droit à la Paroisse, où le saint Sacrement était exposé... ils passèrent à la troisième Station qui était à l'Hôpital... Au sortir de là, ils s'en retournèrent à jeun deux à deux comme ils étaient venus, concluant la dernière action du Jubilé dans leur Eglise. (56)

Peut-être la piété de ces nouveaux convertis dépasse-t-elle celle des Français, puisque ceux-ci, accomplissant durant cette période de Noël 1645 le même jubilé, considérèrent que le climat ne leur permettait pas d'organiser une procession à l'extérieur:

Le dernier jour de l'an se ferma le Jubilé. Nous pensâmes faire procession; mais le temps d'hiver n'est nullement commode pour cela. Or se contenta donc de faire le salut à l'ordinaire à l'issue des vêpres; on tira trois coups de canon lors qu'on donna la bénédiction avec le St-Sacrement. (57)

La construction de crèches ne se fait pas seulement dans les missions et à l'intention des Indiens; les chapelles de Québec en sont aussi ornées, comme en témoigne ce texte qui précise que "depuis Noël jusqu'à la purification les Ursulines faisaient le salut à la Crèche". (58)

Le premier jour du nouvel an, les célébrations commençaient tôt le matin par l'échange des voeux et des cadeaux, et par des visites:

On salua Mons. le Gouverneur à savoir la soldatesque avec leur arquebuse, et les habitants en corps; il nous prévint et était ici à 7 h. pour saluer tous nos pères qu'il demanda les uns après les autres: je l'allé saluer après la grande messe. Mons. Giffard aussi nous vint voir et les religieuses envoyèrent les lettres de grand matin pour faire leur Compliment. (59)

Ce cérémonial de 1646, se répète les années suivantes; en 1662, les salutations chez les jésuites se font même au son du tambour:

Le matin vint un tambour donner des aubades dans notre territoire à cause de Monseigneur L'Evêque; on ne jugea pas à propos de la repousser. On lui demanda de la part de qui il venait: il dit que c'était de la sienne pour Mons. l'Evêque et pour le supérieur; on lui donna un écu blanc; peut-être faut-il empêcher cela quand Monseigneur l'Evêque ne logera plus avec nous. (60)

Les jésuites, qui connaissaient la susceptibilité du gouverneur, semblent craindre que ce dernier ne prenne ombrage des aubades et les tambours qui leur sont adressés; ils expriment à quelques reprises leur désir de ménager l'orgueil de chacun, comme en décembre 1659 lorsqu'ils notent que "personnes ne fut invité au réfectoire pour diner, dont la raison principale est que d'inviter l'Evêque sans le gouverneur ou le contraire, cela ferait jalousie, et l'un ne veut pas quitter à l'autre pour le premier rang." (61)

Le matin du jour de l'an est donc l'occasion de nombreuses visites et on en profite pour échanger des cadeaux: "les habitants chacun en particulier m'étant venu saluer, écrit un jésuite, je les allé voir ensuite, et porté aux enfants un Agnus Dei, et un petit morceau d'écorce de citron" (62). Voici quelques extraits qui nous donnent une idée des étrennes qui s'offraient dans l'entourage des jésuites à Québec:

Les Ursulines (nous envoyèrent) force belles étreines avec bougies, chapelets, crucifix etc, et sur le dîner deux belles pièces de tourtière. Je leur envoyai deux images de St-Ignace et de St-François-Xavier en émail; on donna à Mons. Giffar un livre du père Bonnet... à Mons. Bourdon une lunette de Galilée où il y avait une boussole, et à d'autres des reliquaires, chapelets, médailles, images etc. On donna un Crucifix à celle qui blanchit le linge de l'Eglise. 4 mouchoirs à la femme d'Abraham et à lui une bouteille d'eau de vie. (63)

Le 1er je fus au 2 coups de la messe saluer Mr le gouverneur.

Les Hospitalières envoyèrent une lettre par M. de St-Sauveur, et deux boîtes d'écorces de citron par un homme.

Les Ursulines une lettre, un barillet de pruneau, un chapelet et une image en papier...

On nous envoya de M. le Gouverneur 4 chapons, deux outardes, 8 pigeonneaux; d'autres (nous reçumes) d'autres volailles environ 10 ou 12...

Chapitre premier

> *Le 2 (janvier) nous donnâmes à dîner à M. de St. Sauveur, Mr. le prieur et M. Nicolet.*
>
> *On envoya à Sillery une outarde et quatre chapons...*
> *Je donnai aux Hospitalières un livre du père Nonnefons.*
> *Aux Ursulines un tableau de St-Joseph.*
> *7 ou 8 paires de souliers Sauvages à nos garçons. (64)*
>
> *Mons. le Gouverneur envoya le matin son sommelier apporter deux bouteilles de vin d'Espagne, un coq d'Inde et un Agnus dei.*
> *Autant au père Vimon, et le double de vin d'Espagne au père le Jeune.*
> *Les Hospitalières nous envoyèrent un baril de vin d'Espagne, et deux chapons.*
> *Les Ursulines rien, mais leur ayant envoyé une couple de bouquets de fleurs aussi bien qu'aux Hospitalières, elles envoyèrent le soir un chapelet avec une médaille en reliquaire. (65)*

La gamme des cadeaux est donc vaste, allant des objets pieux aux bouteilles d'alcool et aux victuailles; et cet échange a lieu le matin du jour de l'an, alors que la nuit de Noël se passe essentiellement à l'église pour la messe de minuit, qui d'ailleurs est souvent précédée de quelques heures de chants et de prières, comme par exemple en 1648:

> *La messe de minuit fut précédée des matines qui furent dites pour la 1ère fois et bien. Il y eut grand monde et toute l'Eglise regorgeait dès le commencement des matines, qui commencèrent à 10 heures. On sonna le dernier un quart d'heure devant et on finit un quart devant minuit, et ce quart fut employé heureusement à un petit entretient, qui ne s'étant fait que par hasard, fit voir que c'était une chose à faire avec dessein. (66)*

De même, c'est aussi au jour de l'an que se font les voeux et les salutations, soit qu'on se rende en personne, soit qu'on envoie des lettres ou un émissaire. Les canons ou les arquebuses peuvent aussi devenir un moyen de salutation, comme en 1650 lorsque, disent les jésuites, "Mons. le Gouverneur envoya une escladre de soldats au bout du pont, nous saluer avec décharge de leurs arquebuses." (67)

Ce schème, d'un Noël fortement religieux et d'un jour de l'an davantage axé sur les politesses sociales, se maintiendra, jusqu'à ce que l'influence anglaise devienne prédominante, et déplace les traditions, en situant l'échange de cadeaux le jour de Noël; nous verrons plus loin les effets de ce changement.

Loin d'être un jour de cadeaux, Noël, dans la colonie française sert de date d'échéance, c'est-à-dire que, dans divers contrats, on fixe à ce jour le paiement des sommes dues, prêts ou loyers: par exemple dans les années 1670 et 1680, lorsque des fermiers louent de leurs voisins, un boeuf, une vache laitière, ou un terrain, ils doivent "le jour et fête de Noël" payer en loyer, des minots de blé, de fèves, ou une somme en argent.

Si dans cette période de développement de la colonie, les Noëls sont plus "joyeux" que ceux des premiers hivernements, certains restent encore des moments pénibles: quelques jours après le Noël de 1650, un incendie détruit le couvent des Ursulines, à Québec:

> *Le vendredi de l'Octave de la Nativité de Notre-Seigneur, une soeur converse novice ayant mis du feu dans la mets ou paitrin où était son levain pour boulanger le matin suivant, s'étant oublié de le retirer ce feu prit à la mets et à toute la boulangerie, en sorte que sur les onze heures de nuit, une religieuse qui couchait dans la classe des enfants s'éveilla en sursaut au bruit de la flamme... Sortant de cet incendie, je trouvai toutes mes pauvres Soeurs presque nues, priant Dieu sur la neige, qui est fort profonde en cette saison. Elles regardaient les effets de la divine Providence avec des visages aussi contents, comme si l'affaire ne nous eut point touché, ce qui fit dire à quelques personnes fort émues à la vue de cet effroyable spectacle, ou que nous étions folles, ou insensibles, ou remplies d'un grand amour de Dieu.*
>
> *Je vous assure mon très cher Père que jamais nous ne ressentimes un tel effet de grâce pour le dénuement entier de toutes choses qu'à cette heure-là. (68)*

Cet incendie qui détruisit entièrement le couvent, suggéra aux jésuites un "cadeau" supplémentaire à l'intention des soeurs éprouvées: ainsi, "le 2ème jour de janvier la conclusion fut prise... de nous priver de nos desserts afin d'en secourir ces bonnes Mères qui ont plus de nécessités de ces douceurs que nous." (69). Enfin, d'autres périodes des fêtes seront aussi troublées par des phénomènes naturels exceptionnels en 1664, alors que des comètes firent leur apparition, accompagnées de diverses manifestations étonnantes:

> *Ce fut le 29 novembre de l'an 1664 que l'on commença à remarquer à Québec, la première comète... le 14 ème jour de décembre nous vîmes un peu mieux la comète... le dernier jour de l'an 1664, sur les six heures du soir, la distance de l'épaule droite d'Orion à la comète était de 27 degrés...*
>
> *Ce n'est pas seulement du haut du Ciel que Dieu nous a parlé, par ce langage des étoiles; mais il s'est fait entendre de plus près; car du Ciel, de la lune et de la terre même, nous avons vu, oui et senti des effets extraordinaires de sa Toute-puissance.*

Chapitre premier

> *Le vingt-septième décembre de l'an 1664 la lune se fit voir, après minuit d'une façon surprenante, car la moitié était rouge comme du sang, et l'autre moitié était si lumineuse qu'elle éblouissait les yeux de ceux qui la regardaient. (70).*

Voilà qui a dû ajouter aux charmes de la messe de minuit, et aussi contribuer à augmenter la piété des fidèles, fort troublés à la vue de ces comètes extraordinaires, qui laissaient planer comme un air de "fin des temps"; si certaines années, l'on constata que durant la messe, trois confesseurs auraient suffi à la tâche au lieu de quatre, ce ne fut probablement pas le cas lors de ce Noël bizarre de 1664.

Le temps des fêtes est la période où le loisir permet de s'offrir des représentations rares comme les pièces de théâtre ou de ballet; en date du 31 décembre 1646, le **Journal des Jésuites** nous apprend ce qui suit:

> *Le dernier jour de l'an, on présenta une action dans le magasin, du sit. Nos Pères y assistèrent pour la considérations de Mons. le Gouverneur, qui y avait de l'affection, et les sauvages aussi, à savoir les Pères de Quen, Lalement et Desratat; le tout se passa bien, et n'y eut rien qui put mal édifier. (71)*

Si ce passage confirme que l'on joua une pièce, dans le magasin la veille du jour de l'an 1647, il est impossible de préciser s'il s'est agi, à cette occasion d'une représentation du Cid, comme l'affirment plusieurs historiens, ou si ce mot de "sit" ne désigne pas simplement l'emplacement où eut lieu la représentation, à savoir "le magasin du site"; peu importe d'ailleurs le répertoire, ce témoignage suffit à établir que la période des fêtes pouvait donner lieu à des divertissements dramatiques. Les couventines des Ursulines elles aussi présentent pour célébrer Noël, des pastorales où il était question de faire remplir par différents personnages, l'adoration des pasteurs à la crèche de Jésus Enfant. Et voici la description d'une autre tradition théâtrale de Noël qui prévalait chez les Ursulines de Québec:

> *La vue de cet autel de Jésus Enfant, placé au bas du choeur actuel, nous reporte souvent au temps de notre Vén. mère, et le salut du 25 de chaque mois ne nous permet pas d'oublier sa tendre dévotion au Sacré Verbe Incarné.*
>
> *Nous rappellerons encore ici une de ces ingénieuses et touchantes pratiques de nos anciennes Mères, pour augmenter parmi les séminaristes et les pensionnaires, la dévotion envers la Sainte Enfance de Notre Seigneur. Tous les ans à l'époque de Noël, elles faisaient venir de Lorette ou de Sillery, un petit sauvage*

*qu'elles habillaient de neuf, honorant en lui le saint Enfant Jésus.
Déjà l'on avait dressé dans la chapelle une grande et belle crèche,
où figuraient de hauts sapins verts, arbres chéris des sauvages; à
l'ombre de ces sapins paraissaient les trois personnes de la Ste.
Famille, Jésus, Marie et Joseph, tandis que dans le lointain se
révélaient aux yeux des sauvages étonnés, les anges, les pasteurs et
leurs troupeaux. Après avoir chanté leurs joyeux Noëls dans ce
nouveau Bethléem, les sauvages prenaient part au festin préparé
pour eux par leurs tendres Mères, puis se retiraient, avec de
nouveaux sentiments d'amour pour le divin Enfant dont ils
venaient de contempler une si touchante image. (72)*

Le 4 décembre 1651, se joue la tragédie de Corneille
"Heraclius" que les jésuites laissent "sans commentaires"; en effet, ils n'apprécient guère que certains profitent des fêtes pour
faire preuve de leur talent en organisant des spectacles: aussi
s'abstiendront-ils d'assister à de telles soirées:

*Le 27 de février, il y eut un ballet au magasin: c'était le mercredi
gras; pas un de nos Pères ni de nos Frères n'y assista, ni aussi des
filles de l'Hôpital et des Ursulines sauf la petite Marsolet. (73).*

Si Noël doit se fêter exclusivement à l'église, et si au jour de
l'An, l'on ajoute à la fête religieuse des visites et des échanges
d'étrennes, il ne saurait être question de permettre que tout le
temps des fêtes ne devienne un moment dominé par des
amusements et des réjouissances profanes jugés, à l'année longue,
condamnables.

Les prises de position de l'église au sujet des représentations
dramatiques pourraient faire l'objet d'une étude exhaustive: en
effet de telles présentations ne sont pas limitées au temps des
fêtes, elles peuvent avoir lieu à d'autres moments, néanmoins le
temps des fêtes semble particulièrement les susciter; par
conséquent les invectives des autorités religieuses et les
polémiques à ce sujet entrouvent souvent les célébrations de
Noël. En 1694, Mr. le comte de Frontenac fait jouer à l'intention
des officiers de sa troupe "Nicodème" de Corneille, et
"Mithridate" de Racine: suivirent tout de suite, les dix et vingt-
quatre janvier, deux sermons démontrant que l'on ne pouvait
assister aux spectacles théâtraux sans pécher mortellement, et un
mandement de l'évêque, daté du 16 janvier 1694 où l'on peut lire
ceci:

*Nous déclarons que ces sortes de spectacles et de comédies ne
sont pas seulement dangereuses, mais qu'elles sont absolument
mauvaises, et criminelles d'elles-mêmes et qu'on ne peut y assister
sans péché, et comme telles nous les condamnons et faisons*

défenses très expresses à toutes les personnes de notre diocèse de quelque qualité et condition qu'elles soient de s'y trouver. (74)

Dans l'"éclaircissement touchant la comédie" qui accompagne le mandement, l'évêque précise qu'il n'existe que deux sortes de pièces, soit celles qui "sont absolument mauvaises et criminelles d'elles-mêmes dans leur nature et dans leur substance" (75) et les autres qui bien que la pièce puisse être irréprochable en soi, ne constituent pas moins, à cause des circonstances qui entourent la pièce "un divertissement qui n'est plus innocent, mais dangereux, ou même fort mauvais... il s'ensuit manifestement que ces sortes de divertissements sont des occasions prochaines de péché à plusieurs" (76). Lorsque, durant l'hiver 1694, l'Evêque fera excommunier le sieur Mareuil, qui avait joué dans les pièces présentées, la chose tourne en conflit de juridiction entre la justice civile et religieuse: cette querelle dura tout l'hiver, et le 11 juin, le "Conseil Souverain" discute encore "les désordres et scandales qui pouvaient être arrivés dans la représentation des comédies" (77). L'année suivante, Frontenac laisse courir la rumeur qu'il a l'intention de faire jouer à son château le "Tartuffe" de Molière, pièce "impie" entre toutes; l'évêque croit sans preuve cette rumeur et veut absolument empêcher que ce projet ne se réalise:

Ce digne prélat craignait la comédie du Tartuffe, et s'était mis en tête que le comte la voulait faire jouer, quoiqu'il n'y eût jamais pensé, il sua longuement pour s'opposer à un torrent qui n'était situé que dans son imagination... il chercha l'occasion près l'église des Jésuites d'entrer en conversation avec Mr le comte et s'avisa de lui offrir cent pistoles pour qu'il ne fit pas jouer le Tartuffe... et Mr le comte l'accepta, ce qui donna occasion de rire à tous les spectateurs. (78)

Frontenac s'était donc payé quelque peu la tête de l'évêque; dix ans plus tard, soit en 1703, le **Rituel du diocèse de Québec** stipule que les sacrements seront refusés à tous les pécheurs publics comme "les excommuniés, les interdits, les hérétiques, les concubinaires, les usuriers, les magiciens, les sorciers, les blasphémateurs, les ivrognes, les comédiens, les farceurs, les filles et les femmes débauchées." (79)

Ce thème de la répression des activités théâtrales, tant à Noël que le reste de l'année, nous place au coeur de la question plus générale de l'attitude répressive des autorités religieuses envers presque toutes les formes de divertissements qu'entraîne la période de Noël; bien sûr, ces jours doivent être célébrés, mais ils doivent être l'occasion de manifestations pieuses et non pas de mondanités qui, trop souvent, incitent au mal. L'on peut dire que

"Fêter sans pécher" est le mot d'ordre qui hante les autorités religieuses dès les dernières années du XVIIe siècle: toutes les célébrations qui entourent Noël, le jour de l'an et l'Epiphanie sont passées en revue, et toutes sont surveillées de près y compris la messe de minuit elle-même.

Nous avons vu qu'aussi tôt qu'en 1645, des scènes d'ivrognerie étaient venues troubler la messe de minuit. Une centaine d'années après, cette menace est toujours présente et Mgr Hubert s'en préoccupe beaucoup: après enquête et réflexion il fait savoir aux curés:

> *Nous sommes toujours dans la disposition de supprimer totalement, au moins pour quelques années, la Messe de Minuit et la fête du Saint Patron dans les paroisses où nous serions informés par Mrs les curés ou par nous-mêmes qu'elles sont plus propres à scandaliser qu'à édifier. (80)*

Cette menace souvent répétée ne fut jamais exécutée, mais le seul fait qu'elle s'énonce démontre la réalité du danger qu'elle cherche à exorciser.

Quelles sont les formes de divertissements qui se greffent à la période des fêtes? Essentiellement des soirées dansantes et des festins, pour lesquels les femmes surtout, rivalisent de coquetterie et, aux dires des prêtres, de toilettes indécentes. Pour avoir une bonne idée du climat que l'évêque aimerait voir régner durant ces célébrations, voici un extrait d'un "avis" que Mgr Saint-Vallier adresse au gouverneur et à la gouvernante "sur l'obligation où ils sont de donner le bon exemple au peuple". En 1685, l'évêque y traite des "festins", des bals et de la danse et des "comédies et autres déclamations", et donne des conseils sur le comportement qu'il convient d'adopter lors de ces occasions:

> *Lorsque monsieur le Gouverneur et madame la Gouvernante feront l'honneur à quelques particuliers d'aller manger chez lui, il est à propos que ce soit pour y dîner et non pour souper, afin de retrancher par là les longues veilles, les passe-temps dangereux et les autres suites fâcheuses qui ont coutume d'arriver des festins et des assemblées de nuit. (81)*

La nuit ne porterait donc pas toujours "conseil"; au contraire, les autorités religieuses craignent les réunions qui se prolongent tard dans la nuit ce qui explique leur inquiétude à l'égard de la messe de minuit de Noël, alors que les fidèles courent encore de par les routes aux petites heures du matin. L'évêque conseille aussi au gouverneur de manifester son mécontentement et sa désapprobation quand ses hôtes le reçoivent en lui servant des repas trop somptueux et magnifiques; de même il souhaite que le couple des gouvernants "ne souffrent jamais que ces sortes de régals soient accompagnés du bal et de la danse, et de plusieurs autres récréations et libertés dangereuses". (82)

Pour répondre au "bon exemple" tel que défini par l'autorité religieuse, il faudrait donc durant le temps des fêtes, n'inviter les gens que les midis, et ne pas mettre sur la table de mets qui puissent conduire à la gourmandise... De même, après le repas, il ne faut sous aucun prétexte participer à des danses, à cause de "la corruption qu'un tel amusement fait presque toujours glisser dans les consciences". (83) L'évêque est prêt à nuancer quelque peu cette interdiction, dans le cas de mademoiselle la fille du gouverneur, mais à certaines conditions précises qui ne peuvent que nous surprendre:

Cependant comme l'âge et la vivacité de mademoiselle leur fille a besoin de quelque divertissement et récréation, l'on peut user de condescendance en lui permettant quelques danses honnêtes et modérées, mais avec les personnes de son sexe seulement, et en la présence de madame sa mère, de peur qu'on ne se licencie à des paroles et des chansons peu honnêtes, mais non en la présence des hommes et des garçons, ce mélange de sexe étant à proprement parler ce qui cause les inconvénients et les désordres du bal et de la danse.

Ce n'est pas toutefois que la danse qui se pratique entre des personnes du même sexe n'ait aussi de grands inconvénients, entre lesquels l'un des plus à craindre est la disposition qu'elle donne à y admettre dans la suite des personnes de différent sexe, ce qui ne manque guère d'arriver, soit parmi les danses que l'on tient chez-soi, soit en d'autres danses qui s'introduisent ailleurs à l'imitation des premières, et c'est ce qu'on peut faire remarquer à Monsieur le Gouverneur et Madame la Gouvernante afin qu'ils examinent s'il ne serait pas mieux que mademoiselle leur fille prenne un autre divertissement pour se récréer. (84)

Les vêtements dont les gens se parent lors d'événements spéciaux comme ceux du temps des fêtes, sont aussi, pour les autorités religieuses, trop souvent un sujet de mécontentement; premièrement, le luxe et le faste dans l'habillement ne sont que vanité, et il est déplorable qu'ils s'étalent dans le choix des étoffes, dans les parures excessives et dans les coiffures extravagantes; deuxièmement, les vêtements que l'on revet dans un esprit de vanité sont souvent, par surcroît, indécents:

Mais la circonstance qui rend le luxe des habits dans les filles et femmes infiniment pernicieux est l'indécence et l'immodestie

scandaleuse des habits mêmes, qui paraît dans les nudités
d'épaules et de gorges qu'elles font voir à découvert, ou qu'elles se
contentent de couvrir de toile transparente, ce qui est absolument
défendu, et ne doit jamais être toléré, comme étant la cause de la
perte d'une infinité d'âmes. (85)

Selon le Journal des Jésuites, ce serait le 4 février 1667 que fut
donné le premier bal: "Le 4, le premier bal du Canada s'est fait
chez le sieur Chartier. Dieu veille que cela ne tire pas à
conséquence." (86) Les soirées dansantes sont allées en se
multipliant et plusieurs fois dans les deux dernières décennies du
XVIIe siècle, les évêques les dénonceront:

Pour ce qui est des danses et autres récréations dangereuses qui
se pratiquent entre personnes de différent sexe, comme
l'expérience fait voir qu'elles sont à la plupart des occasions
prochaines d'un grand nombre de péchés considérables, Nous
exhortons les Curés, Confesseurs, et autres qui ont soin des âmes,
de les en détourner par toutes les voies les plus efficaces qu'ils
pourront trouver. (87)

L'on peut donc dire qu'à la fin du XVIIe siècle, nos principales
coutumes du temps des fêtes sont déjà en place: bien sûr, elles
évolueront encore, surtout sous l'influence de trois facteurs
principaux soit l'urbanisation et la croissance de la population,
l'anglicisation qui modifiera certains de nos comportements
culturels, et l'industrialisation qui viendra changer les relations
que les hommes entretiennent avec la nature et, par conséquent,
les relations qui les lient entre eux.

 Chapitre second

Au début du XVIIIe siècle, la colonie compte quelque dix-huit mille habitants, l'île de Montréal en abritant environ quatre mille. Nous ne sommes donc plus dans une simple forteresse servant à la traite, mais bien dans une petite ville qui, depuis la paix négociée avec les Iroquois en 1701, se trouve dans des circonstances plus favorables à son développement. Une enceinte, construite à l'aide de pieux de bois, entoure la ville qui, à partir de 1716, cesse d'être appelée "Ville-Marie" pour se voir nommée Montréal. Cette enceinte sera remplacée par des fortifications, construites en pierres par Chaussegros de Léry, mesurant dix-huit pieds de hauteur et percées de quatre grandes portes, celle des Récollets à l'ouest, la porte Saint-Laurent au nord, la porte Saint-Martin à l'est et la porte du Port, du côté du fleuve. Le 19 juin 1721, un incendie vint détruire cent trente bâtiments de la ville et provoqua des pillages dont Mgr de Saint-Vallier menaça les coupables d'excommunication. Il fallut donc reconstruire, et on en profita pour aménager sur la colline une véritable citadelle qui pourra servir à se défendre contre les voisins du sud, les Anglais de la Nouvelle-Angleterre.

Le lendemain de Noël, soit le 26 décembre 1727, Mgr de Saint-Vallier, qui avait succédé à Mgr de Laval, meurt à Québec: cette

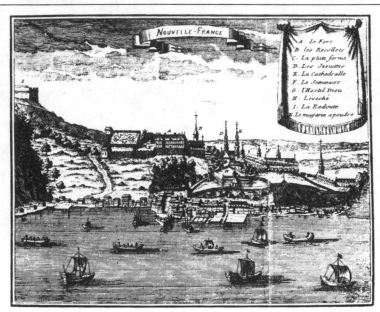

QUÉBEC. 1700

Histoire des Canadiens Français, Tome 7,
    Wilson, Montréal, 1882

Vue de Québec en 1700: au pied de la falaise, les habitations: en haut, les édifices des institutions religieuses et gouvernementales.

mort troublera beaucoup le temps des fêtes de 1727, à cause
des problèmes épineux de succession et d'"'intérim" qui se posent:
en effet le roi avait, en 1713, nommé un coadjuteur à l'Evêque,
coadjuteur qui n'occupa jamais sa fonction, puisqu'il n'est même
jamais venu en Nouvelle-France. Dans ces circonstances le
chapitre considéra que le décès de Mgr de Saint-Vallier laissait
vacant le siège épiscopal et procéda à la nomination d'un vicaire
apostolique qui devait, par intérim, voir à l'administration
courante et dès lors, à l'enterrement de l'Evêque décédé.
Toutefois, ce scénario n'obtint pas l'accord de l'archidiacre qui
considérait que la mort de l'Evêque laisse l'intérim à son
coadjuteur et, qu'en l'absence de celui-ci, la responsabilité passait
à nul autre qu'à l'archidiacre, à savoir lui-même; il revendiqua
donc son droit à la direction du diocèse, rangea de son côté
l'intendant Dupuy et procéda à l'inhumation de Mgr de Saint-
Vallier, sans pompe et de nuit, dans la chapelle de l'hôpital,
pendant que le chapitre chantait l'office des défunts à la
cathédrale de Québec. Les querelles provoquées par ces incidents
marquèrent le nouvel an 1728.

L'intendant Hocquart voit à faire ouvrir une route qui, sous le
nom de "chemin du Roi" en 1737, relie Québec à Montréal, sur
quelque deux cents milles: des petits ponts permettent de
traverser les rivières de petite largeur, alors que des bacs servent à
franchir les cours d'eau plus importants. Cette route carrossable
permettra d'augmenter le nombre de voyageurs entre les deux
principales villes de la colonie, et, ainsi, de contribuer à la
sociabilité et aux visites entre parents et amis.

A quoi ressemblaient, au milieu du XVIIIe siècle, les villes de
Québec et de Montréal? Un visiteur suédois qui y séjourna en
1749, Pehr Kalm, nous en laisse les descriptions suivantes:

*Québec est la ville la plus importante du Canada en même
temps que sa capitale... Celle-ci se divise en deux parties: basse
ville et la haute ville... La haute ville est située au-dessus de la
basse ville, sur la colline rocheuse, c'est-à-dire à l'ouest de la basse
ville. Elle est cinq ou six fois plus étendue que l'autre, bien qu'elle
ne soit pas aussi peuplée... Il n'existe qu'une route pour monter de
la basse ville à la haute...*

*La plupart des commerçants résident dans la basse ville. Les
maisons s'y serrent les unes contre les autres, les rues sont étroites
et inégales et une partie de leur parcours est presque toujours
mouillé. La basse ville comporte cependant une petite place où se
trouve une église: les maisons ont deux ou trois étages. Dans la*

haute ville, par contre, habitent à l'ordinaire les gens distingués et d'autres, et c'est là également que se trouvent les édifices et les immeubles les plus importants de Québec. (Le Château, la cathédrale, l'église et la résidence des Jésuites, celles des Récollets, des Ursulines, l'évêché...) (1)

Quant à Montréal, il la décrit ainsi:

Montréal est la seconde ville du Canada par rapport à la grandeur et à la richesse, et la première par rapport à son site, qui est très beau, et à son climat, qui est doux... Elle est passablement bien fortifiée, et entourée d'un mur élevé et épais... elle est protégée par la rivière Saint-Laurent, et sur tous les autres points par un fossé profond, rempli d'eau, qui défend les habitants contre tout danger d'une incursion soudaine de l'ennemi... Quelques maisons dans la ville sont bâties en pierres: la plupart le sont en bois de charpente, mais très élégamment construites. Les maisons de première classe ont une porte donnant sur la rue, avec un siège de chaque côté de la porte, où l'on vient s'asseoir pour causer et se récréer, matin et soir. Les rues principales sont droites, larges et coupées à angles droits par les petites rues. Il y en a qui sont pavées, mais c'est l'exception. La ville a de nombreuses portes: du côté de la rivière, on en compte cinq, deux grandes et trois petites; et sur l'autre côté il y en a pareillement plusieurs. (2)

Pehr Kalm nous a laissé, en plus d'une description de notre flore, des renseignements sur le caractère des Canadiens français et sur leurs coutumes: plusieurs témoignages confirment le caractère jovial des "habitants", par exemple l'habitude d'imposer un baptême aux voyageurs qui arrivaient pour la première fois, à Québec ou à Montréal, ou encore, ces moqueries que les gens des bateaux adressaient durant le voyage sur le fleuve, aux riverains qu'ils rencontraient en chemin:

Les Français qui font avancer mon bateau se livrent à toutes sortes de bêtises lorsqu'ils passent près d'une ferme, d'une fille, d'un jeune garçon, d'un homme ou d'une femme. Ils crient à leur adresse toutes sortes de railleries. Ceux qui sont sur le rivage ne se dispensent pas de leur en donner autant en retour; la plaisanterie va souvent assez loin et se compose de sobriquets... Ce ne sont pas seulement les jeunes qui se livrent à tout cela, mais aussi les hommes plus âgés. (3)

Les descriptions de Kalm nous incitent à conclure que les Québécois d'alors manifestaient souvent leur goût du plaisir et de la fête: ainsi il note au sujet des Montréalais que "les femmes, les jeunes filles et les garçons ont coutume ici de se promener dans les rues le soir en se tenant bras dessus, bras dessous, en plaisantant et en badinant entre eux, avec une gaîté folle," (4) coutume qui n'est qu'amplifiée s'il s'agit de célébrer quelqu'événement heureux, comme par exemple la paix franco-anglaise de 1749 en l'honneur de laquelle "on allume un bûcher et, dans la soirée, toutes les fenêtres de la ville (Montréal) se garnissent de bougies

FORTIFICATIONS DE MONTRÉAL. 1760.

1. LE FLEUVE.
2. RIVIÈRE ST. PIERRE.
3. PONT.
4. MAISON DE M. DE CALLIÈRE.
5. HÔPITAL GÉNÉRAL.
6. FOSSÉ QUI ENTOURE LA VILLE SUR TROIS CÔTÉS, HUIT PIEDS DE PROFONDEUR.
7. GLACIS.
8. POTERNE.
9. PORTE DU MARCHÉ.
10. PORTE STE. MARIE.
11. PORTE DU BORD DE L'EAU.
12. POTERNE.
13. COUVENT DES RÉCOLLETS.
14. ÉGLISE PAROISSIALE.
15. HÔPITAL DES RELIGIEUSES.
16. ÉGLISE ET COUVENT DES JÉSUITES.
17. CHATEAU VAUDREUIL.
18. M. DE LONGUEUIL.
19. CITADELLE.
20. QUAI.

Histoire des Canadiens Français, Tome 7,
    Wilson, Montréal, 1882

Vue de Montréal à l'époque de la conquête: l'église paroissiale (14) était voisine de la Place d'Armes et de l'église Notre-Dame d'aujourd'hui.

allumées; dans toutes les rues s'écoule une foule de gens jusqu'à une heure avancée de la nuit." (5)

Cette propension à fêter et à se visiter semble très ancrée dans les habitudes des gens du pays: Kalm note aussi cette coutume qui dicte l'étiquette quant aux visites de politesse:

> *Une coutume veut que, si une cinquantaine de personnes ou davantage m'ont rendu visite dans la journée, je sois dans l'obligation de leur rendre la pareille le lendemain, en leur faisant visite chez eux. Sinon, je me rends coupable d'une faute contre l'étiquette. (6)*

Les nombreuses fêtes religieuses qui scandent l'année risquent, selon Mgr de Pontbriand, de nuire aux intérêts agricoles de la colonie: c'est pourquoi un mandement de 1744, vient permettre de reporter certaines fêtes au dimanche, pour ne pas multiplier les jours fériés:

> *Par la visite presque générale des paroisses, nous avons reconnu, Nos Très Chers Frères, qu'un grand nombre de peuples étaient très souvent dans l'obligation indispensable de vaquer même les jours de fêtes aux travaux obligatoires. Les temps qui y sont convenables sont si rares qu'à peine peut-on pour les semences, pour la récolte, pour le labour des terres, trouver dans l'année six mois entiers... Toutes ces raisons ont porté plusieurs personnes à nous demander la suppression de quelques jours de fêtes dont le nombre en effet est dans cette colonie plus grand que dans plusieurs diocèses de France... nous voulons donc conserver le culte public aux Saints que ce diocèse regarde comme ses protecteurs, et nous avons pensé qu'en fixant leurs fêtes à certains dimanches, ce culte n'en serait que plus solennel; puisque la sanctification du dimanche et la solennité de ces mêmes fêtes réunies dans un même jour doivent naturellement porter les peuples à les observer avec plus de fidélité; ils auront néanmoins une bien plus grande facilité pour leurs travaux. (7)*

Le but explicite poursuivi, est donc de concilier les intérêts temporels des citoyens qui ne tolèrent pas de trop grandes réductions des jours de travaux et l'honneur dû aux saints protecteurs de l'église: une vingtaine de fêtes, la Saint Jean-Baptiste, la Saint Louis, la Saint Michel, la Purification, la Saint Thomas etc... seront, à partir du 1er janvier 1745, reportées pour fin de célébration solennelle, au dimanche le plus proche au calendrier, les raisons évoquées sont principalement économiques, mais pour mieux justifier ce déplacement, on y ajoute une remarque sur la plus grande solennité qu'auront ces fêtes, en étant célébrées le dimanche.

Chapitre second

Les fêtes majeures que sont Noël, le Jour de l'An, la Circoncision, l'Epiphanie, ne sont pas touchées par cette consigne, et restent célébrées comme auparavant, le jour même où elles tombent: ces fêtes, parce que leurs dates au calendrier liturgique correspondent à la saison morte qu'est l'hiver, pénalisent moins l'avancement des travaux agricoles, que celles que l'on fête durant la saison estivale.

En Europe, la guerre à la sucession d'Autriche commence en 1741: l'angleterre attend 1744 pour participer à la coalition contre la France. La première phase des belligérations se termine par le traité d'Aix-la-Chapelle (1748) par lequel l'Angleterre rend la ville de Louisbourg, prise en 1745 par une flotte de la Nouvelle-Angleterre. Cette brève période de paix, soit de 1748 à 1754, est la dernière que connaîtra la colonie, avant les guerres qui se clôtureront par la conquête (1759-1760): cette période est marquée par l'intendance de Bigot (1748) et par les gouverneurs de La Galissonnière (1747-48) La Jonquière (1749-1752) Du Quesne (1752-1755) et Vaudreuil (1755-1760).

Ces années de paix sont particulièrement fertiles en mondanités et festivités de toutes sortes à l'intérieur de la classe dirigeante, tant dans la capitale qu'à Montréal, comme en témoigne la correspondance de Mme Elizabeth Bégon, femme de Claude-Michel Bégon, capitaine de marine: il s'agit de lettres qu'elle envoie de Montréal à son gendre en Louisiane et dans lesquelles elle décrit la vie mondaine de ces années. La période du temps des fêtes est l'occasion de scènes comme celle-ci:

> *Le 18 déc. 1748*
> *Il y a eu hier, cher fils, une partie fine chez M. de Lantagnac...*
> *Cette partie était composée de M. de Longueuil, Noyan, Celeron et Lantagnac. Ils se mirent à table à midi et y ont resté jusqu'à onze heures du soir: ils y chantèrent si bien que les passants s'arrêtaient pour écouter. (8)*

Quelques jours plus tard, soit le 27 décembre, la messe de minuit de 1748 s'étant déroulée par un soir de pluie où les rues étaient couvertes de boue, Mme Bégon note que tant de personnes espèrent être invitées aux bals que l'intendant Bigot doit donner à Montréal, qu'il "n'y ait point assez de maîtres pour tous ceux qui veulent apprendre à danser." (9), ce qui tend à montrer que cette mode est relativement récente ou du moins s'étend en popularité. Quelquefois, des incidents imprévus viennent troubler ces bals et faire parler les gens encore plus: voici ce que raconte notre épistolière en date du 28 décembre 1748:

Le temps des Fêtes

Je viens d'apprendre, cher fils, que le bal du pauvre Landrière a été un peu dérangé par un masque en courrier qui porta aux dames et demoiselles des lettres assez fortes pour les faire laisser la partie et se retirer. Je n'ai pu savoir ce que c'était, ni qui en est l'auteur. Ce que j'ai appris, c'est que Mme Varin y était et que son billet lui disait qu'elle serait mieux chez elle en deuil de sa mère qu'au bal; et on dit que Mme Vassan en avait un fort piquant aussi. Mais personne ne s'en est vanté et elles ont toutes dit que c'était des galanteries. (10)

De tels récits donnent une idée du plaisir malicieux que cette société prenait aux potins: cela n'est pas un trait de caractère dont Mme Bégon serait un exemple unique, au contraire; conversation, plaisanterie et rire seraient aux dires de Pehr Kalm, l'apanage des femmes de Nouvelle-France dans leur ensemble et surtout de celles de Québec, dont il décrit ainsi l'emploi du temps:

Les femmes de cette ville, en particulier celles de la haute société, ne font guère autre chose que se lever à 7 heures, s'habiller, se poudrer et se friser jusqu'à 9... elles se parent ensuite de façon magnifique, s'asseoient sur une chaise près d'une fenêtre ouverte qui donne sur la rue, un ouvrage de couture à la main, auquel elles ne font pas souvent de points, car leurs yeux sont continuellement tournés du côté de la rue; et si quelque jeune homme, quelque étranger ou personne de connaissance vient à entrer, la jeune fille abandonne son ouvrage, s'asseoit le plus près possible du jeune homme, cause et bavarde avec lui, sourit et pouffe de rire, et la langue marche comme les ailes de l'hirondelle, sinon plus rapidement. Lorsque quelqu'un est parvenu à la science de la moquerie aimable, lorsqu'il sait lancer des mots à double sens, cela s'appelle avoir beaucoup d'esprit. (11)

Mme Bégon est un bel exemple de cette "aimable moquerie", et elle avoue qu'il lui "arrive trop souvent de faire de petites parties de médisance" (12) avec son correspondant, péché avoué étant péché à moitié pardonné, elle n'en continue pas moins d'en farcir ses lettres!

Tous les bals ne sont pas troublés par la venue d'un mystérieux "courrier masqué", d'autres se contentent de faits cocasses qui souvent sont la conséquence de l'ivresse: ainsi au bal tenu le 21 janvier 1749 chez M. de Lantagnac "il y eut de belles souleries" au point où "tous purent... danser un menuet avec peine" (13) et qu'après la soirée il fallut que l'on "mit Noyan dans une cariole en paquet et on l'amena chez lui" (14); quelques jours plus tard, c'est encore pire, puisque "M. Noyan, voulant danser chez M. Varin, où est l'assemblée, est tombé en coulant son menuet, sa perruque d'un côté et lui de l'autre. J'ai regardé cela onéreux (sic) devant les Anglais." (15)

L'on imagine bien que tous ces bals autour de Noël et du jour de l'An, ne trouvaient pas auprès des autorités religieuses beaucoup d'encouragement! Nous avons vu que dès 1685 l'Evêque déconseillait explicitement au gouverneur d'assister à des "assemblées de bal et de danse": les bals mondains des années 1750 se méritèrent aussi de sévères reproches, comme en témoigne, en date du 26 janvier 1749, Mme Bégon:

> *Il a été prêché ce matin un sermon par M. le curé, sur les bals. Tu le connais et ne seras point surpris de la façon dont il a parlé, disant que toutes les assemblées, bals et parties de campagne étaient toutes infâmes, que les mères qui y conduisaient leurs filles étaient des adultères, qu'elles ne se servaient de ces plaisirs nocturnes que pour mettre un voile à leurs impudicités et à la fornication, et faisant le geste de ceux et celles qui dansent, il dit: "Voyez tous ces airs lascifs qui ne tendent qu'à des plaisirs honteux, que résulte-t-il — en s'écriant — de toutes ces abominations? Des querelles et des maladies honteuses; et après cela, on croit être en droit de venir demander à manger de la viande le carême. Qui vous le permettra? — Ce ne sera pas moi. Qui vous donnera des absolutions? — Des confesseurs mous et lâches. (16)*

On peut à juste titre se demander si de telles brimades étaient efficaces: il est permis d'en douter, car il semblerait qu'en cette matière, plusieurs agissaient en véritable "Tartuffe"; voici par exemple, la réaction de M. de Longueuil à la suite de ce même sermon:

> *Au sortir de la grand messe, il fut au séminaire par la sacristie et personne ne fut en doute de ce qu'il allait faire: on le connaît. Il fait des grands compliments à M. le curé sur son sermon, disant que le S. Esprit avait parlé par sa bouche; qu'il avait eu la complaisance de donner un bal à ses filles, mais qu'il n'en donnerait plus et qu'il y avait été présent et que, s'il eut entendu ce sermon, qu'il n'en aurait point donné. Notez que, dans le temps que ce tartufe parle, toutes ses filles sont aux noces chez un habitant à la Rivière-des-Prairies. (17)*

Comme Pehr Kalm, Mme Bégon parle des nombreuses visites qui se font à l'occasion surtout du Jour de l'an; "on se tient chacun chez soi en attendant le jour des folies, car tu sais que le 1er de l'an est une vraie extravagance" (18); de plus, elle note la tradition des "baisers" qui s'échangent obligatoirement lors des souhaits de "meilleurs voeux";

Le temps des Fêtes

Tout ce qui répugne à la petite, c'est qu'il faut baiser tout le monde; elle n'aime point cela. Elle croit beaucoup en tout car elle est maligne... elle me dit que c'est pour rire que je lui parle d'aimer tout le monde, qu'elle ne comprend pas comme on peut aimer certaines gens. (19)

Cette coutume des "embrassades" du jour de l'an sera souvent un sujet de commentaire dans les récits des voyageurs qui visiteront notre pays, après la Conquête; nous y reviendrons plus loin. Dans les années qui suivirent les bals dont parle Mme Bégon, c'est plus le son du cor et du tambour militaire que celui du violon qui se fit entendre.

Durant les années de guerre, la misère, le manque de vivres et les disettes qui s'en suivaient, rendirent les conditions de vie très difficiles, et durent réduire à presque rien les réjouissances traditionnelles du temps des fêtes.

C'est le 17 mai 1756 que l'Angleterre déclare officiellement la guerre à la France, alors qu'en Amérique, les escarmouches et les raids militaires étaient commencés depuis deux ans. Dès l'hiver de 1757, le Séminaire de Québec renvoie les élèves chez eux "faute de vivres": une Ursuline de Québec écrit le 10 octobre 1757: "Trois fléaux règnent dans notre pays: la peste, la famine et la guerre: mais la famine est le plus terrible fléau." (20) L'historien Guy Frégault résume ainsi, à partir d'un mémoire appartenant à Amherst, la situation qui prévalait:

Les Canadiens, assure l'auteur, sont maintenant si fatigués de la guerre qu'ils paraissent "mûrs pour la révolte"... Leurs récoltes n'ont réussi ni en 1756 ni en 1757. De plus, presque tous les navires qui venaient leur porter de la nourriture ont été pris. D'autre part, le pays est si peu mis en culture, le climat si dur et les habitants si accaparés par le service du roi que, depuis le commencement des hostilités, il s'est révélé impossible de produire assez de vivres pour tenir en campagne une armée de 6,000 hommes. (21)

L'hiver de 1758 n'apporte aucun adoucissement; au contraire, avec le temps, la situation ne fait qu'empirer et au printemps de 1758, un fonctionnaire écrit que "les ouvriers, artisans et journaliers exténués par la faim, ne peuvent absolument plus travailler, ils sont si faibles qu'à peine peuvent-ils se soutenir". (22) L'intendant doit mettre la colonie à la ration, fixée à deux onces de pain par jour, ce qui nous indique le sérieux de la disette; en juillet, c'est la chute de la forteresse de Louisbourg, et six mois plus tard, en novembre, il est confirmé que plusieurs personnes sont mortes de faim; Pitt est décidé d'attaquer bientôt la ville de Québec.

Chapitre second

Si l'atmosphère n'est guère aux célébrations et aux réjouissances en Nouvelle-France, le bilan de l'année 1758 que publient les journaux britanniques diffère beaucoup de celui que tracent les habitants de Québec ou de Montréal: le **London Magazine** publie en décembre 1758 un dessin allégorique avec le commentaire suivant:

> *Le temps fait tourner un globe terrestre et montre du doigt Louisbourg. Il y attire l'attention de l'Histoire... qui consigne les grands événements de l'année. De l'autre côté, apparaît Britannia, fort satisfaite des travaux de l'Histoire. Elle est guidée par la Concorde, qui élève ses regards vers la Victoire, pour signifier que Britannia triomphera toujours... avant la fin de l'année prochaine nous aurons pu détruire ce nid de vipères françaises du Canada. (23)*

Au même moment, soit en janvier 1759, Moncalm affirme que "la misère est excessive ici... La paix ou tout ira mal. 1759 sera pire que 1758. Je ne sais comment nous ferons." (24) Ainsi, durant toutes ces années de guerre, le temps des fêtes ne fut certes pas heureux, et tout ce qu'on pouvait faire était de souhaiter que l'année suivante soit meilleure et plus heureuse... ce qui ne se réalisa pas, puisque le soir du 12 juillet 1759, les premiers projectiles lancés par les troupes de Wolfe tombaient sur la ville de Québec et la bataille finale des plaines d'Abraham devait avoir lieu le 18 septembre suivant: en décembre 1759, un journal français apprend à ses lecteurs qu'il "ne reste aux Anglais que la possession des ruines de la ville de Québec, dans laquelle il n'existe plus que quatre maisons." (25)

Les troupes françaises et l'administration de la colonie se retirent vers Montréal et le régime militaire anglais s'installe à Québec pour l'hiver. Il va de soi que l'occupation d'une ville affamée et détruite ne se fait pas sans beaucoup de souffrances. Le 31 décembre, Murray peut écrire dans son journal:

> *Beaucoup a été fait ici durant les trois derniers mois, si l'on examine bien la situation. Québec n'avait capitulé qu'en son propre nom, mais maintenant la province, à partir de Cap Rouge au nord et jusque la Chaudière au sud, s'est rendue: les habitants ont prononcé un serment de fidélité et rendu leurs armes; mes ordres ont été obéis partout à l'intérieur de ce territoire et les paroisses autour de la garnison nous ont aidés à transporter notre bois. (26)*

L'année 1759 se terminait donc par l'installation des nouveaux conquérants à Québec: si 1758, avec la chute de Louisbourg, avait paru en Angleterre une année mémorable, l'année 1759 se voyait en s'éteignant, qualifiée d'"annus mirabilis", soit d'année merveilleuse: le **London Magazine** pouvait reprendre encore son ton grandiloquent:

> *Nous venons de terminer l'heureuse et merveilleuse année 1759; année aussi glorieuse que les plus glorieuses qui aient jamais marqué les annales de notre nation... Car la gloire de la Grande-Bretagne, nous avons maintenant le droit de le proclamer, s'étend du pôle sud au pôle nord, du soleil levant au soleil couchant. (27)*

L'état de pénurie et les règlements émis par le régime militaire assombrirent le temps des fêtes de 1759-1760 à Québec. Il y avait couvre-feu à neuf heures le soir et toutes les lumières devaient être éteintes dans les maisons; aucun civil ne devait s'aventurer dans les rues après le coucher du soleil sans porter une lanterne et à la mi-décembre 1759, les soldats anglais avaient installé des lampes aux coins des rues, dotant ainsi la capitale de son propre éclairage public.

Les communications étaient réduites au minimum: s'il était possible de circuler à l'intérieur des murs, ou de quitter définitivement la ville pour aller s'installer ailleurs, il fallait à toutes les portes de la ville passer par les postes de sentinelles. Le 12 janvier Murray émet le règlement suivant: il est interdit "sous peine de mort, d'envoyer ou de recevoir des lettres de Montréal sans d'abord les avoir montrées. Interdit aussi de sortir quoi que ce soit de la ville sans passeport". (28) Dans le même ordre d'idée, il avise ceux qui font la traverse sur le fleuve, que dans l'avenir, il leur faut "aussitôt arrivés, venir déclarer les personnes et les biens qu'ils ont traversés sous peine d'être sévèrement punis." (29) L'identité des nouveaux venus était vérifiée de très près.

Peu à peu, les habitants déposent les armes et prêtent le serment de fidélité: ils collaborent aussi à approvisionner les régiments en bois de chauffage, mais n'y mettent pas, au dire de Murray, beaucoup de zèle: "la quantité de bois à la garnison étant très petite, et les Canadiens, par inhabilité ou par désaffection, n'en apportant que très lentement, j'ai été obligé d'ordonner qu'un détachement de la garnison aide à cette tâche." (30)

Et la semaine suivante il revient sur ce sujet, affirmant encore: "malgré que toutes les mesures ont été prises pour encourager les Canadiens à s'activer dans la tâche d'apporter du bois, les travaux progressent très lentement, ou bien à cause de la lenteur naturelle des gens, peu habitués à travailler, ou par désaffection." (31)

Chapitre second

Murray craignait que l'ennemi songe à fomenter quelque chose durant la période de Noël "afin de regagner cet hiver l'honneur et les avantages qu'ils avaient perdus l'été dernier." (32) Aussi s'assure-t-il que ses hommes sont munis de raquettes et qu'ils apprennent à s'en servir. En effet, des rumeurs voulaient que Lévis se soit donné comme objectif de reprendre Québec et d'y dîner, sous drapeau français, avant le jour de Noël: c'est pourquoi la garnison anglaise restait sur le qui-vive en permanence. Toutefois, à la fin décembre 1759, John Knox est heureux de pouvoir écrire dans son journal de la campagne: "le jour de Noël est maintenant passé et M. de Lévis n'a pas rempli sa promesse de dîner avec nous, tel qu'il semblait résolu à le faire: cette grande fête fut célébrée comme il convient par les chapelains de la garnison, comme en Angleterre, devant une nombreuse congrégation." (33) C'est là la première référence qui atteste de l'implantation d'un nouveau rite en ce qui concerne la célébration de Noël, rite inspiré de la tradition britannique.

Quant à la population française, l'on présume qu'elle a, comme d'habitude, assisté à la messe de minuit de Noël. A Québec, la démolition durant le bombardement de plusieurs édifices, obligea la population locale à tenir cette cérémonie dans des sites de fortune. Le temps des fêtes de 1759-1760, ne fut certes pas un temps des fêtes comme les autres: il n'y eut ni les folles randonnées, ni les nombreux visiteurs comme jadis, du moins avant la guerre...

A Montréal, où le gouvernement s'était réfugié après la capitulation de Québec, le temps des fêtes se passa dans l'inquiétude, alors que Lévis et Vaudreuil songeaient à organiser dès le printemps une expédition militaire qui pourrait réussir à reprendre la ville; en attendant, la Nouvelle-France était divisée en deux, une zone occupée, l'autre encore gouvernée par ses propres autorités civiles et religieuses. De Montréal, Mgr Pontbriand exhorte ses fidèles à l'obéissance envers les nouveaux conquérants. Si un moment, en avril 1760, la bataille de Sainte-Foy, dernière victoire française au Québec, peut laisser croire à un renversement de la situation, rien ne se matérialise puisqu'en mai, les Anglais assiégés reçoivent enfin le renfort souhaité: "La vue d'un seul pavillon français aurait, écrit Vaudreuil, opéré la reddition de la ville de Québec." (34)

Toutes les armées anglaises se regroupent et marchent vers Montréal où Vaudreuil sans résistance, capitulera au nom de la

Le temps des Fêtes

Nouvelle-France, le 8 septembre 1760: sur la citadelle le drapeau britannique remplace le pavillon aux fleurs de lys françaises, et le lendemain, Place d'Armes, les régiments français déposent leurs armes. La paix revenue, la vie dite normale peut reprendre.

> *La culture traditionnelle à la campagne a retrouvé assez vite ses manifestations coutumières après la guerre de Sept Ans. On se remet au travail des champs et aux occupations des métiers, puisque les besoins de la population, qui a doublé en trente ans, sont pressants. Le cycle de la vie chrétienne et celui des saisons reprennent leur rythme normal, l'un portant l'autre depuis des centaines d'années, l'hiver canadien donnant un surplus de bon temps pour veiller, pour chanter, pour danser et pour raconter. (35).*

Si les gens du gouvernement et les élites changent, les moeurs et coutumes qui s'ancrent dans la culture populaire subsistent sans modification profonde: aussi retrouvons-nous très vite après les guerres, le "bon vieux temps des fêtes". Les descriptions que nous ont laissées les voyageurs étrangers qui visitèrent notre pays dans les dernières décennies du XVIIIe siècle, ou au début du XIXe siècle, ne permettent aucunement de conclure à la disparition des traditions qui avaient cours sous le régime français: seul le temps pourra peu à peu altérer ce que le temps lui-même a instauré.

La période du temps des fêtes est bien incorporée au long hiver: elle coïncide avec l'arrêt des travaux de la ferme et la presque impossibilité de se livrer à quelque travail que ce soit: tous les observateurs sont unanimes à constater le fait que l'hiver chez nous, est la saison du loisir et des plaisirs. Dès 1806, Hugh Gray note:

> *Dans tous les pays, les gens passent leurs heures de loisir d'une manière assez semblable: ils les consacrent aux divertissements. Au Canada, la plupart des heures d'hiver étant des heures de loisir, il faut beaucoup d'ingéniosité pour donner aux amusements la variété nécessaire pour qu'ils ne deviennent pas insipides sous l'effet des répétitions fréquentes. (36)*

Si les "arpents de neige" de prime abord, semble l'aspect le moins intéressant du pays, plusieurs constatent que les habitants ont su s'adapter au climat et en tirer des plaisirs inusités:

> *Nous sommes maintenant au fort de l'hiver, et d'après ce que je vous ai dit, peut-être seriez-vous tenté de croire qu'il n'y a pas au monde de pays plus désagréable que celui-ci, ni d'êtres plus malheureux que les gens qui l'habitent; c'est tout le contraire: les habitants de la ville et de la campagne paraissent être dans leur*

élément; on ne voit que parties de traîneaux, festins et amusements de tous genres. (37)

Pour Frances Brooke, les divertissements sont absolument nécessaires pour venir à bout du dur hiver:

> *Ici les plaisirs sont nécessaires à la vie; le sang se glacerait dans les veines, si on ne l'activait un peu par le feu de la gaieté.*
>
> *Je ne m'étonne plus que les beaux-arts soient inconnus dans ce pays; la rigueur du climat suspend toutes les facultés morales; que deviennent alors celles de l'imagination? (38)*

Nécessité biologique, ou plus simplement adaptation culturelle, hiver et récréation en viennent à s'identifier dans l'unité d'un amalgame climatique, économique et religieux: arrêt des travaux, métamorphose des paysages et événements heureux du calendrier religieux se conjuguent pour scander cette période de nombreuses festivités: tout cela compense pour le déplaisir de la saison.

> *Lorsqu'on a passé un hiver dans ce pays, on commence à ne plus tant redouter la rigueur de cette saison: et quant aux Canadiens, ils la préfèrent à toutes les autres. C'est pour eux le temps du repos et des plaisirs. Dès que les neiges sont tombées, et qu'un froid clair et piquant a succédé aux brouillards épais et humides, toutes les affaires, tous les travaux sont mis de côté, chacun ne songe qu'au plaisir. (39)*

Si on en croit un autre visiteur, John Lambert, qui séjourna dans notre pays en 1806, ces réjouissances et festivités hivernales auraient eu tendance à créer, chez les Canadiens français, une fâcheuse tendance à l'indolence et à la paresse, qui finit par se manifester l'année durant:

> *Durant le froid excessif qui, en gelant les rivières, entrave toutes les tâches de l'industrie, et donne lieu à un hiver de presque sept mois, ils (les Canadiens français) contractèrent une telle habitude d'oisiveté, que le travail leur semble insurmontable même par la plus belle température: et cette indolence était encore accrue par les nombreuses fêtes prescrites par leur religion, qui flattaient une disposition qu'ils avaient déjà en eux. (40)*

Cette mauvaise tendance aurait toutefois été, toujours au dire de Lambert, en grande partie guérie par la bonne influence qu'eurent, sur les habitants d'ici, la conquête et le nouveau régime anglais:

> *A mesure que croissait la colonisation britannique... beaucoup de cette gaieté de moeurs et de cette dissipation qui jadis caractérisaient la société des villes, céda la place aux habitudes plus régulières et pénibles des affaires... (41)*

De plus, il constate aussi les effets bénéfiques d'une seconde réduction opérée dans le nombre des fêtes chômées:

> *Les habitants français ont certaines fêtes prescrites par leur religion: ces jours-là, ils visitent leurs amis, et s'adonnent aux plaisirs et aux amusements. Avant l'arrivée des Anglais dans la colonie, ces fêtes étaient très nombreuses et bien sûr, nuisibles aux affaires de même qu'à la moralité des basses classes de la population. Depuis lors, le nombre de ces fêtes a été considérablement diminué, et les bons effets de cette mesure sont visibles dans la diminution du nombre de pauvres gens et de mendiants qui auparavant habitaient les villes. (42)*

Lambert fait allusion à la consultation que mena, en 1790, Mgr Hubert auprès de ses curés, pour connaître leur opinion sur les questions suivantes:

> 1. *Est-il à propos de supprimer toutes ou quelques-unes des fêtes qui se célèbrent dans tout ce Diocèse entre le 1er mai et le 1er novembre?*
> 2. *Lesquelles faudrait-il retrancher plutôt que les autres?*
> 3. *Dans les autres temps de l'année se trouve-t-il quelque fête qu'il fût convenable de retrancher?*
> 4. *La suppression en tout ou en partie des fêtes de paroisses ne serait-elle pas plus glorieuse à Dieu et à la religion que leur célébration, qui, dans plusieurs lieux, entraîne après elle de si grands scandales? (43)*

Si, tout comme en 1744, l'Evêque évoque pour justifer sa démarche des raisons économiques (brièveté des saisons propices à l'agriculture et aux industries), il ajoute maintenant le fait que plusieurs abusent de ces jours de congé en les consacrant à des passe-temps scandaleux:

> *Ces jours qui ne devraient se passer que dans le recueillement et dans un saint repos, dans l'assistance aux offices divins, dans les oeuvres de miséricorde, dans la prière... ces jours sont presque partout profanés ou par un travail mercenaire, ou par une oisiveté coupable, ou par des bals, des promenades, des festins, des excès, des scandales de toute espèce... (44)*

L'Evêque transmettra à la "Cour de Rome", pour être approuvée par le Pape, la décision qu'il prend au sujet de la suppression des fêtes, et émet son mandement définitif le 28 octobre 1793, ce qui révoque les mandements précédents à ce sujet: seules restent "d'obligation" le jour de la semaine où elles tombent, les fêtes suivantes: Noël, la Circoncision, l'Epiphanie, l'Annonciation, l'Ascension, la fête du Saint-Sacrement, celle des Apôtres Saint Pierre et Saint Paul, la Toussaint, la Conception de la Sainte Vierge.

Chapitre second

Le "temps des fêtes" traditionnel n'est donc pas affecté par ces nouvelles réductions, cependant l'article XIII du mandement précise: "Nous sommes toujours dans la disposition de supprimer totalement, au moins pour quelques années, la messe de minuit et la fête du Saint-Patron dans les paroisses où nous serions informé qu'elles sont plus propres à scandaliser qu'à édifier." (45)

Ce sont les conséquences de ce nouvel état de chose que constate en 1806 John Lambert, qui ajoute encore:

> *"La multitude des fêtes et congés qui sous le régime français freinait l'industrie et augmentait la pauvreté des gens, sont maintenant presque abolies. Seules sont célébrées par l'Eglise les fêtes des principaux saints, les autres sont tombées dans l'oubli; ce qui fait qu'une parade "papiste" est maintenant dans ce pays une chose très rare.(46)*

Le temps des fêtes hivernales n'était donc plus comme ce fut le cas par exemple en 1645 au début de la colonie, l'occasion de processions: selon le témoignage de Weld en 1795, ce sont "les festins, les visites, les assemblées, les parties de musique, de danse, de jeu, (qui) emploient tout le temps et fixent l'attention du riche comme du pauvre, des jeunes comme des vieux, en un mot des habitants de tout état, de tout âge et de tout sexe." (47)

S'il y eut bien diminution du nombre des fêtes, surtout celles qui se célébraient l'été, les réjouissances hivernales sont maintenues; ce que confirme le voyageur américain Joseph Sansom lorsqu'il écrit en 1820:

> *L'hiver est ici la saison des amusements... et le temps se passe à visiter et à recevoir des visites, dans un va-et-vient entre villes et campagnes. (48)*

Comment se déroulaient ces festivités au début du régime anglais et ensuite durant le premier quart du XIXe siècle: après la longue période de l'Avent, tout commençait le soir du 24 décembre par les préparations pour la messe de minuit.

Voici la description que donne Thomas Anburey de la messe de minuit à Montréal en 1777:

> *Vous devez supposer que, n'ayant jamais été jusqu'ici dans un pays catholique, j'ai été curieux d'examiner les cérémonies de la fête de Noël. Le soir précédent, je me rendis à la grande église, où il y avait un concours prodigieux, et je m'approchai le plus près possible de l'autel. Vers neuf heures, le service commença par des prières et des antiennes, ce qui dura jusqu'à dix. On apporta alors le berceau, et lorsqu'il parut le peuple poussa un grand cri. On se remit ensuite à prier et à chanter jusqu'à minuit, où l'officiant produisit, à la vue du peuple, une figure de cire représentant un*

enfant superbement habillé. La musique partit aussitôt et fut accompagnée d'un nouveau cri de joie. L'enfant ayant été déposé dans la crèche, on le berça jusqu'à une heure, que la cérémonie finit.

Dans quelques-uns des couvents, il y a des figures de cire parfaitement bien travaillées. Il existe entre autres une représentation du messie, fait de manière que sa taille augmente tous les jours, et que, d'abord dans l'enfance, il arrive par différentes gradations, jusqu'au point de grandeur où l'on suppose qu'était parvenu notre Seigneur lorsqu'il alla prêcher, pour la première fois dans le temple. Quand j'allai le jour de Noël voir cet ouvrage curieux, il y avait aussi une figure de Saint Joseph, vêtu d'un habit écarlate, et ayant sur sa tête une perruque nouée; une autre représentant la Vierge Marie, et une autre représentant un enfant couché dans une crèche; on voyait à côté une tête de boeuf et une tête d'âne qui paraissaient attachés à la même crèche. Peu de jours après on avait changé cette décoration et on avait mis à la place les mages venant faire leurs offrandes au sauveur du monde. On continue à représenter ainsi et successivement tous les événements de la vie de Jésus-Christ jusqu'au temps de sa première prédication dans le temple. Dans quelque moment que j'entrasse dans l'église, j'y ai toujours vu un grand nombre de personnes prosternées et priant. (49)

Mme Simcoe sera, quelques années plus tard, elle aussi frappée par l'ornementation des églises le jour de Noël:

Dimanche 25 Jour de Noël. Je suis allée à la cathédrale à cinq heures du matin avec Mme Baby pour voir les illuminations de l'autel, qui pour ceux qui n'ont jamais vu les nombreuses ornementations des églises en Europe, valent la peine d'être vues." (50)

Cette année-là le lendemain de Noël, soit le lundi 26 décembre 1791, fut aussi marqué par des réjouissances puisque c'était le jour où prenait effet la nouvelle constitution qui divisait la colonie britannique en deux provinces, le Haut et le Bas-Canada.

Dans les premières années du régime anglais, la période des fêtes était aussi celle où l'on se rappelait que le 31 décembre 1775, on avait repoussé avec succès, devant Québec, les troupes du général Montgomery qui attaquait la ville.

Comme aux premiers temps de la colonie française, le jour de l'an lui-même est la grande fête sociale: presque tous ceux qui ont visité notre pays relatent ce qu'ils ont vu ici à cette occasion: voici quelques-uns de leurs témoignages:

Chapitre second

Les Canadiens ont entre eux une coutume qui doit vous paraître singulière: au commencement de l'année les hommes font tout le tour de la ville et entrent dans chaque maison où ils embrassent la maîtresse du logis, qui reste, pendant trois jours, toujours disposée à recevoir leurs visites. Les habitants se connaissant presque tous, une maîtresse de maison est, par conséquent, embrassée par la plus grande partie des hommes de la ville. Le baiser se donne sur la joue et, lorsque l'accolade a été donnée à une dame sur une joue, elle présente l'autre.

Les dames anglaises qui sont établies ici, plutôt que de paraître singulières, se soumettent à cet usage, excepté que le baiser se donne à la manière anglaise. Je crois cependant que la méthode française est préférable à la nôtre, dans une occasion pareille, où une dame est obligée de recevoir des baisers de tous ceux qui se présentent. Il me semble vous entendre dire "sans doute il a fait aussi sa tournée": c'est vrai je l'ai faite avec un autre officier. (51)

Cette coutume est décrite par les visiteurs comme assez bizarre et elle les étonne: dans son roman intitulé **Voyage dans le Canada ou histoire de Miss Montaigu** et qui est inspiré des moeurs et coutumes observées à Québec dans les années 1780, Frances Brooke fait écrire à sa narratrice fictive Bell Fermor cette lettre datée du 1er janvier:

Nous avons eu hier, malgré la rigueur du temps, une foule de petits maîtres. C'est la mode chez les Canadiens, calculée, je pense, d'après la nature du climat, de faire à toutes les dames une visite le jour du nouvel an, visite qu'elles attendent chez elles, assises avec un certain air de dignité et comme préparées à recevoir les embrassements d'usage; mais je vous assure bien qu'ils ne nous réchauffent pas: nous sommes obligées, à notre regret, d'avoir recours aux liqueurs fortes, pour ranimer nos esprits anéantis par la saison.

Vous ne pourriez regarder les hommes aujourd'hui sans rire. Figurez-vous qu'ils ressemblent parfaitement à des animaux, dans leurs voitures ouvertes, chargés de fourrures de la tête aux pieds; vous ne distinguez en eux de la forme humaine que le bout du nez. (52)

Encore quelques années plus tard, le colonel Landmann décrit ainsi son jour de l'an de 1798 à Québec:

J'ai commencé ma carrière à Québec le 1er janvier 1798 — jour spécial au Bas-Canada à cette époque — un jour de festivités extraordinaires qui s'étendaient sur les deux ou trois jours qui suivaient. Chez les Canadiens c'était la mode et probablement ce l'est encore, que tout le monde rende visite à tout le monde durant l'un des trois premiers jours de l'année un verre de "noyeau" ou une autre liqueur était offert avec biscuit ou gâteau au visiteur épuisé, après une journée laborieuse à quelque vingt ou trente maisons; le tout se terminait souvent en renvoyant chez eux dans un état chancelant des gens très respectables. (53)

En 1825, E.A. Talbot confirme lui aussi ce rituel:

Il existe en Canada plusieurs coutumes, que je crois apportées de la France. Le nouvel an est une des fêtes les plus exactement observées, et est spécialement consacré à se visiter et à se fêter mutuellement. Tout maître de maison, soit à la ville, soit à la campagne, a, ce jour-là, sa table chargée de vins délicieux, d'excellentes confitures et de gâteaux de toute espèce. Les hommes doivent aller de maison en maison, pour porter réciproquement les voeux et les compliments de leur famille et prendre leur part des friandises qui se trouvent partout préparées. A leur entrée dans l'appartement de réception, les hommes embrassent sans cérémonie toutes les femmes. Les dames françaises présentent leurs joues; mais les anglaises, suivant l'usage de leur pays, reçoivent un chaste baiser sur leurs lèvres. Ces fêtes durent trois ou quatre jours: faut-il attribuer cette prolongation au plaisir que les dames ont d'être embrassées, ou au goût des hommes pour le vin et les liqueurs? (54)

Toutes ces visites qui se font dans le temps des fêtes nous amènent à parler des voyages et des moyens de transport qui les rendaient possibles. En 1807, Hériot affirme: "on ne trouve au Bas-Canada presque aucun habitant qui ne possède un ou deux traîneaux, et durant l'hiver on consacre beaucoup de temps à voyager d'une place à une autre." (55)

Le véhicule de déplacement est la carriole: plusieurs témoignages nous la décrivent:

Au lieu du carosse sur roues au Canada on utilise un genre de traîneau appelé une "carriole". Elle passe sur la neige sans profondément s'y enfoncer. Elle est montée sur ce qu'ils appellent des "rumers" qui ressemblent aux lames sur les patins et qui à l'avant se redressent de la même manière et dans le même but. La carriole généralement est à neuf ou douze pouces au-dessus de la neige; et quelques-unes sont à dix-huit pouces. Le corps de la carriole peut avoir diverses formes, dépendant de la fantaisie de son propriétaire: elles sont parfois en forme de phaéton, quelquefois en forme de chaise ou de cabriolet, ou encore couvre un vis-à-vis, ou une calèche familiale ou d'une voiture. La carriole en bref, est le nom d'une foule de véhicules utilisés l'hiver, qu'il s'agisse d'une charette de marché ou d'un carosse officiel. (56)

Parfois les voyages en carrioles ne sont que des randonnées de plaisir: il s'agit alors d'excursions en groupe vers quelque site intéressant et peu éloigné:

Caléche du Canada, ou marche donc.

Weld Pbl.

**Weld, Isaac, Voyage au Canada,
Munier-Paris.**

*Des Anglais donnèrent le nom de "marche donc" aux calèches,
probablement à force d'entendre ces cris des conducteurs.*

Je vous dirai, écrit Anburey en 1777, *quels sont ici les amusements de l'hiver. Le principal d'entre eux est de courir sur la glace en traîneaux; les habitants forment ensemble et tous les jours, de nombreuses parties. On se rend ordinairement à la pointe aux Trembles, à environ trois lieues de cette ville (Montréal): il y a une Hollandaise établie à cet endroit, qui a la réputation de faire d'excellentes saucisses, et c'est dans sa maison que l'on s'arrête presque toujours pour en manger et pour boire du "Porter". (57)*

D'autres fois, c'est un vrai voyage que l'on entreprend, de Montréal à Québec par exemple:

Cette manière (le traîneau) de voyager est si prompte que la plupart des habitants qui ont affaire à Québec retardent leur voyage jusqu'à cette saison de l'année, afin d'essuyer moins de fatigues et d'être moins longtemps en route. (58)

Contrairement à ce qu'on pourrait penser, les déplacements longs étaient plus faciles et plus confortables l'hiver en carrioles, que l'été sur les routes terrestres, en calèche: Hugh Gray écrit ceci au sujet des voyages d'été en calèche:

La calèche canadienne est un véhicule pitoyable, comparé à la "post-chaise" anglaise... une personne habituée à voyager en Angleterre seulement dirait qu'une calèche canadienne, avec ses deux roues et son cheval unique, sans ressort de suspension, ni coussins, est un véhicule peu approprié pour recevoir un bon chrétien. (59)

L'hiver, en carrioles, le voyage Montréal-Québec semble plus agréable et mieux apprécié:

Les traîneaux sont de différentes formes et représentent ou des oiseaux ou des quadrupèdes; ils sont malgré cela construits à peu près sur un même principe, avec cette seule différence que la caisse des traîneaux des gens du peuple touche à la glace ou à la neige, et que les traîneaux des gens d'un rang plus distingué ont leur caisse élevée à la hauteur de deux pieds sur une sorte de train. Ils sont peints de différentes couleurs, suivant le caprice du propriétaire. Plusieurs, pour contraster avec la saison, font peindre sur les panneaux de la caisse, le tonnerre, les éclairs; et comme je viens de le dire, c'est une manière très prompte de voyager, car les chevaux du pays font aisément quinze milles par heure sur la glace. Les habitants regardent comme peu de chose d'aller faire, le matin, une visite à leurs amis, à quarante ou cinquante milles de distance, et de revenir le même jour. (60)

Ces véhicules deviennent vite des objets de rivalités et des symboles de statut social comme le confirme cet autre témoignage de Isaac Weld:

Chapitre second

Au moyen de leurs traîneaux les Canadiens se transportent d'un lieu à un autre sur la neige, avec une vitesse incroyable et de la manière la plus agréable. Ces voitures sont si légères et le tirage si doux, qu'il n'est pas rare de voir le même cheval faire quatre-vingt milles en un seul jour. Ces traîneaux, qu'ils appellent carrioles, portent communément deux personnes et lorsqu'il arrive qu'on en

"Voitures d'hiver", Lacoursière, J., Provencher, J.
   Vaugeois, D., Canada-Québec, Synthèse historique,
   Renouveau Pédagogique, Montréal, 1976.

Quelques exemples des voitures d'hiver qui circulaient sur les routes enneigées.

mette deux, ils sont toujours l'un en avant de l'autre, parce que les routes sur la neige sont tracées de manière à n'admettre qu'un seul cheval de front. La forme de la carriole varie selon le goût: et c'est parmi les Canadiens un point très important d'en avoir une plus élégante que celle de son voisin. Les unes sont découvertes, les autres fermées avec des fourrures qui les rendent imperméables à l'air. Mais celles-ci ne servent que la nuit, parce que le principal but de ces courses est de se faire voir et de voir les autres: et les dames se piquent de mettre ces jours-là leurs plus belles fourrures. (61)

Déjà, les habitants du temps manifestent un penchant pour la griserie de la vitesse: "Il y a, écrit Frances Brooke, quelque chose de très agréable dans la course rapide des voitures qui franchissent l'espace de vingt milles dans une heure. Cette vitesse est vraiment étonnante: elle surpasse tout ce que l'imagination peut se figurer." (62) Pour éviter les accidents, on a recours à la pose de clochettes après les chevaux, clochettes qui agissent comme un avertissement sonore:

Ces voitures glissent sur la neige avec une telle vitesse et font si peu de bruit, que pour prévenir les accidents, on est obligé d'attacher une cloche au cou du cheval, ou de sonner du cor, ce qui ne contribue pas peu à rendre ces parties très gaies et très agréables. (63)

"Les chevaux sont petits... et souvent très bons trotteurs... chacun ayant deux ou trois petites cloches, au son aigu, posées sur son collier. Ces cloches sont exigées par la loi, pour empêcher que des piétons se fassent frapper dans les rues; en effet les carrioles font si peu de bruit en passant dans la neige récemment tombée, qu'il serait difficile pour les piétons de les éviter, sans cet avertissement: et dans les campagnes, dans la noirceur de la nuit en forêt, le tintement des cloches est tout aussi utile comme mise en garde. (64)

Au plaisir de visiter ses parents et ses amis dans "le temps du jour de l'an" s'ajoutait donc le plaisir de ces déplacements rapides en carrioles sur la glace, à travers des rangées d'arbres plantés dans la neige pour marquer la route:

Toutes les routes durant l'hiver sont marquées, sur terre comme sur la glace, avec des jeunes pins de dix ou quinze pieds de hauteur; les branches du bas sont coupées, ce lui leur donne l'apparence de petits arbres plantés dans la terre. Sur la glace cet arrangement d'arbres agrémente les routes: les Canadiens appellent cela des "balises", et ces arbres sont plantés à intervalle assez court, quarante ou cinquante pieds; ils sont très importants pour les voyageurs, les empêchant de perdre la route de vue quand, durant les tempêtes de neige, elle peut disparaître complètement en quelque vingt minutes. (65)

Selon Anburey, ce "balisage" des chemins était une obligation faite à toutes les paroisses, dans les années 1780:

Chaque paroisse, aussitôt que la rivière (le fleuve Saint-Laurent) est prise, est obligée de planter de grands pins dans la glace, à la distance de dix pieds les uns des autres. Ces arbres étant de nature à rester toujours verts, et recevant une certaine humidité

Canadian Illustrated News, 23 décembre 1871.

Une famille bourgeoise traverse la ville le jour de Noël, pour aller diner chez les grands-parents. A noter: les clochettes sur les chevaux.

L'Opinion Publique, 27 janvier 1891.

Promenade en voiture d'hiver à Québec vers 1880.

*de la glace, ils conservent leurs feuilles pendant tout l'hiver; et
quand vous voyagez sur le fleuve, vous courez toujours au milieu
d'une avenue agréable. (66)*

Anburey semble avoir été conquis par la beauté et la féerie de
cette route sur le fleuve, à travers des montagnes de glaces aux
formes les plus bizarres:

> *De chaque côté de la rivière, la glace est tout à fait unie; mais
> dans son centre, où le courant est si rapide, la glace forme des
> montagnes d'une hauteur prodigieuse; les habitants sont obligés
> de couper pour se former un passage... dans les vallons qu'elles
> forment, l'air est d'un froid insupportable et lorsque vous arrivez
> sur le sommet de l'une d'elles vous oubliez presque la rigueur de ce
> froid pour vous arrêter à considérer la forme des glaçons qui sont
> variés à l'infini, les uns représentant des pyramides, des cônes, des
> globes et d'autres prenant la figure d'hommes, d'oiseaux et de
> toutes les espèces possibles d'animaux; en un mot, il n'est pas de
> description qui puisse rendre la beauté de ce spectacle, et
> l'imagination de l'homme n'est pas assez féconde pour lui en faire
> concevoir une juste idée. (67)*

Voilà donc le paysage qui s'offrait à ceux qui se rendaient par le
fleuve, souhaiter la "bonne année" à des parents d'une autre ville.

Une excursion à la mode dans les environs de Québec
consistait à se rendre l'hiver aux chutes Montmorency pour
glisser:

> *Je dois maintenant tenir ma promesse de décrire les glissades
> sur le cône de glace formé par le jet d'eau givré au pied des chutes
> Montmorency. Nous avions tous fréquemment visité les chutes
> durant l'hiver, et avions remarqué cet énorme cône de glace qui à
> la fin du mois de mars atteint son élévation la plus haute. Cette
> année-là, 1802, nous avions fait diverses tentatives d'escalader le
> cône jusqu'à son sommet qui, en mars, dépassait les cent vingt
> pieds. (68)*

Le temps des fêtes coïncide aussi avec la formation du "pont de
glace" qui permet de relier Québec à la rive sud; cet événement est
encore l'occasion de réjouissances chez les habitants tant des
villes que des campagnes:

> *Lorsque la glace devient solide et ne bouge plus, les Canadiens
> appellent cela le "pont", il devient possible aux habitants des
> paroisses voisines de la rive sud d'apporter facilement leurs
> produits au marché, et alors les provisions et la nourriture
> abondent en ville: en plus cela fournit aux gens un grand terrain de
> jeu et d'exercice, et ces derniers en profitent pour conduire leurs
> chevaux et leurs carrioles sur la surface solide de l'eau. (69)*

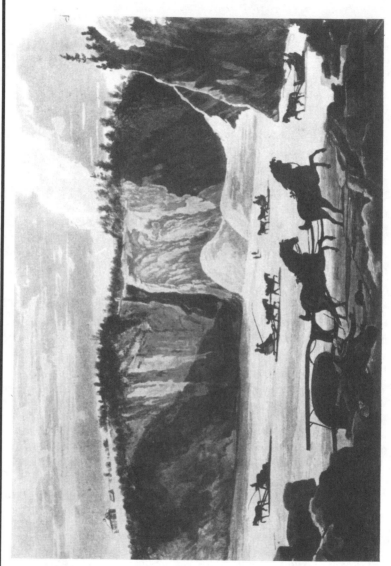

George Herriot, Travels through the Canadas,
Cales, Toronto, 1971.

Les chutes de Montmorency, l'hiver: les courses ne sont pas sans risque, comme en témoigne le traîneau renversé au premier plan.

THE FALLS OF MONTMORENCY, DURING WINTER.

Canadian Illustrated News, 5 janvier 1878.

*Autre scène aux chutes de Montmorency, lieu de prédilection
des glissades de tout genre.*

Heriot, George, Travels through the Canadas,
  Cales, Toronto, 1871.

*Les plaisirs de la danse au son du violon; plusieurs hommes
en profitent aussi pour allumer une bonne pipe.*

Chapitre second

Cet événement naturel est impatiemment attendu, et ajoute à la gamme des amusements du temps des fêtes:

> *Durant la nuit du 18 janvier 1798, peu après mon arrivée à Québec,* écrit Landmann, *le pont se forma, et tôt le lendemain matin, la nouvelle de cet heureux événement se répandit à travers la ville et les campagnes avoisinantes: aussitôt une horde de traîneaux descendirent des deux côtés vers la rivière, pour le plaisir ou pour les affaires, et sans s'enquérir de la solidité de la glace, s'avancèrent sur le pont récemment formé, confiants qu'il était suffisamment résistant, bien qu'il n'était pris que depuis six heures.*
>
> *Il était très intéressant d'observer la hardiesse des chevaux qui sans gêne ou crainte perceptible, quittent la rive pour marcher sur une couche de glace aussi brillante qu'une loupe. (70)*

Un autre voyageur, Hugh Gray nous a laissé cette description des activités joyeuses sur ce pont de glace:

> *Sur une distance de huit milles, l'on voit une immense couche de glace, aussi douce qu'un miroir. Des milliers de personnes s'y rassemblent chaque jour et des kiosques sont érigés pour leur divertissement. Dans un coin on voit des gens qui s'amusent à patiner; dans un autre, on aperçoit des carrioles s'en allant dans différentes directions; la glace est assez résistante pour que des chevaux puissent s'y promener en toute sécurité. Quelquefois l'on y voit des courses de carrioles: elles traversent la glace avec la plus grande rapidité. Bref, quand le "pont prend" (comme ils disent), cela provoque à Québec un genre de festival. (71)*

Une fois rendu chez les parents et amis, l'amusement principal du temps des fêtes est la "soirée dansante". Si l'on en croit Hériot, "tous les habitants canadiens sont très friands de danses et s'amusent fréquemment avec cet agréable exercice." (72) Ce que nous dit aussi Sansom, une vingtaine d'années plus tard, lorsqu'il écrit que "des soirées de danses sont souvent organisées par les jeunes gens tantôt chez l'un tantôt chez l'autre." (73)

De même Thomas Anburey écrit: "Les Canadiens ont, pour la danse, le même goût que les Français; et ils se rassemblent presque tous les soirs tantôt dans une maison, tantôt dans une autre, pour se livrer à ce divertissement." (74)

Il va de soi que ces soirées prennent différentes formes selon la classe sociale des participants: on trouve donc sous cette appellation, à la fois les réunions de famille dans les "salles communes" des maisons rurales et les bals officiels donnés par des personnes éminentes. Mme Simcoe, femme du lieutenant-gouverneur, parle en ces termes d'un bal qu'elle donna durant l'hiver de 1791:

> J'ai donné un bal pour quarante personnes. Le Prince était présent. Nous avons quitté la maison que nous avions rue Saint-Jean et aménagé dans l'une dont les pièces arrières donnent sur les jardins des Ursulines. En retirant une cloison de bois à l'étage du haut, nous avons fait une pièce longue de 45 pieds, avec un "tea room" et une salle de cartes adjacente, ce qui nous permit de disposer d'une bonne salle pour la danse, avec une salle à manger en bas. Les Fusiliers sont les meilleurs danseurs, bien habillés et parmi les plus belles figures que l'on peut voir dans une salle de bal. Ils ont tous le sens de la musique et aiment danser: ils dépensent autant d'argent à donner des bals et des concerts que d'autres régiments dépensent pour les vins, ce qui les rend très populaires ici où la danse est le divertissement favori. (75)

Dans les premières décennies du régime anglais, un autre grand bal est donné annuellement au Château, le 18 janvier, jour de l'anniversaire de naissance de la Reine Charlotte:

> C'était là, écrit Landmann, un des "soirs publics"; toutes les personnes occupant un poste gouvernemental, tous les officiers de la milice provinciale plus les officiers militaires et ceux de la marine pouvaient alors y assister sans invitation spéciale. Plusieurs attendent ce jour avec impatience. (76)

Evidemment, l'on se doute que quelque dix ans seulement après la conquête, la fête de la souveraine britannique ne suscite peut-être pas chez les Canadiens français, le plus chaleureux enthousiasme; néanmoins, écrit Hughes en 1785, les Canadiens français ne déclinaient pas cette invitation à fêter, l'attrait pour la fête l'emportant sur celui de la souveraine:

> Le 18 janvier, conformément à la coutume annuelle le lieutenant donna un bal et un banquet en l'honneur de l'anniversaire de naissance de la Reine, à tous ceux qui se présentèrent passablement bien habillés; il y avait foule, puisque comme on s'y attendait toute personne bien y assiste — et les Français sont trop polis et aiment trop les bonnes choses pour s'esquiver sous quelque prétexte lors de telles occasions. (77)

Certaines soirée dansantes deviennent des symboles manifestes de statut social: à Québec, différentes classes organisent différentes soirées. Lambert écrit à ce sujet:

> Quelques-uns des marchands inférieurs et des commerçants sont admis aux soirées (celles tenues à l'Hotel Union), cela étant vu comme une grande faveur; mais aucun n'est remarqué par les "fashionables"; en effet certains parmi ceux-ci ont refusé de

s'inscrire parce que, observent-ils, l'assemblée n'est pas assez "choisie". Les hostilités furent telles entre les grands " Petits" et les petits "Grands" qu'ils se séparèrent et formèrent chacun leur propre soirée. L'on se rendit toutefois compte que le "Bal de Société" des classes moyennes était plus amusant que la "Grande Soirée" des élites, et que plusieurs de ces élites avaient adhéré à ce "Bal de Société" et dansaient avec les jolies "bourgeoises". Une négociation fut alors entreprise, les préliminaires réglés, et quand la nouvelle salle fut achevée, le traité définitif fut ratifié par la réunion des deux parties. (78)

Il semble qu'en général, chaque classe sociale possède ses propres soirées récréatives: en 1825 Talbot écrit au sujet des bals et des dîners:

Ces réunions se font dans chaque classe, et il est rare de voir les personnes d'un rang inférieur admises dans les assemblées de la classe supérieure. (79)

Le "temps des fêtes" n'est cependant pas uniquement un temps de conflits et de dissensions; d'autres témoignages insistent au contraire sur la fraternité qui unit entre eux les habitants canadiens-français:

Les habitants de Montréal, écrit Isaac Weld, sont en général très hospitaliers, et d'une complaisance extrême pour les étrangers. Ils vivent entre eux dans la plus grande union et recherchent toutes les occasions de se réunir pour goûter ensemble les douceurs de la table. En hiver surtout, leurs communications sont si fréquentes et accompagnées de tant de marques d'une amitié sincère que l'on dirait que la ville est habitée par une même famille. (80)

Les Canadiens français auraient donc tendance à rester entre eux et à peu fréquenter les nouveaux arrivants britanniques, cette division ethnique correspondant aussi à une structure sociale: voici comment John Lambert décrit la composition sociale qui prévaut au Bas-Canada, au tout début du XIXe siècle:

Les habitants britanniques de Québec sont essentiellement les gens du gouvernement, les militaires, quelques gens d'église, hommes de lois et médecins, les marchands et les commerçants.

Les Français comptent les gens de la vieille noblesse et les seigneurs dont la plupart sont membres du gouvernement, le clergé, les avocats et notaires et les commerçants.

Ces différents groupes forment trois classes sociales distinctes et s'arrangent pour se tenir à une distance respectable les unes des autres. La première est composée des plus hauts **paliers, près du** *gouverneur, incluant les membres du gouvernement les*

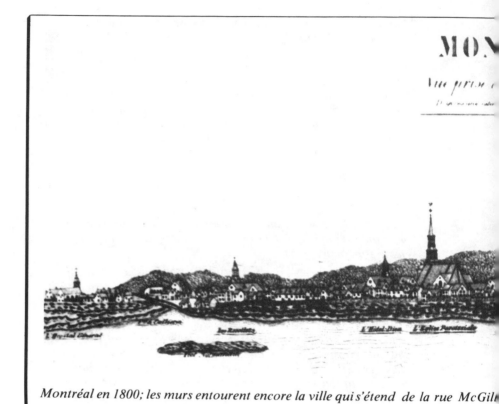

Montréal en 1800; les murs entourent encore la ville qui s'étend de la rue McGill

professions libérales et quelques-uns des principaux marchands. Tous ces gens sont admis au château.

La seconde classe se compose des marchands inférieurs, des commerçants et des vendeurs; avec les petits fonctionnaires du gouvernement, les gens d'armée, de loi et d'église, les médecins et les autres citoyens britanniques.

La troisième classe comprend les habitants français dont la majorité, exception faite des quelques-uns qui sont membres du gouvernement, vit refermée sur elle-même et entre elle, à moins que quelque divertissement public ou réunion annuelle en amène quelques-uns à rencontrer des Britanniques. (81)

Les Canadiens français ne fréquenteraient donc que peu les nouveaux dirigeants du pays; si quelques élites se rendent aux bals officiels où ils sont invités, la majorité continue à se divertir comme auparavant, dans des soirées dansantes en famille et entre voisins de même classe sociale.

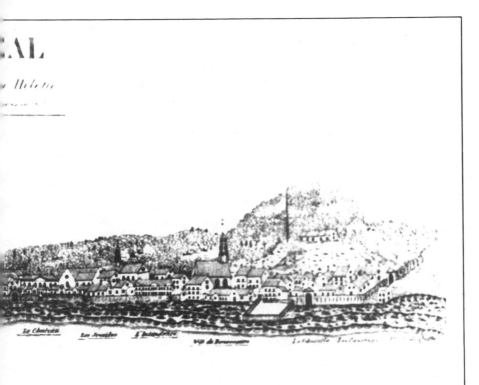

ouest, à la rue Berri à l'est.

Morin, P.L., Le vieux Montréal.

Il va de soi que ces récits de la vie au Bas-Canada que les voyageurs britanniques, américains, français ou autres, nous ont laissés, ne constituent pas des sources de vérité objective: au contraire, chaque voyageur juge ce qu'il voit en fonction de sa propre culture, de ses propres convictions et croyances; en lisant ces récits, on apprend donc autant sur leurs auteurs et sur leurs idéologies que sur la société canadienne qu'ils décrivent. Néanmoins, l'unanimité se fait quelquefois sur certaines caractéristiques de la mentalité canadienne-française; voici quelques témoignages décrivant, sinon comment les Canadiens français sont, du moins comment les visiteurs les perçoivent.

> *Les Canadiens de la basse classe du peuple ont toute la gaieté et la vivacité des habitants de la France. Ils dansent, chantent et paraissent s'embarrasser fort peu du lendemain. Les autres ont quelque chose de cette humeur brusque et chagrine qui fait le*

caractère dominant des Américains; mais la vanité est le trait le plus remarquable et le plus général du caractère de tous les Canadiens, et pour peu que l'on appuie sur cette corde sensible, l'on est sûr de faire d'eux tout ce que l'on veut. On rencontre parmi eux très peu d'hommes qui sachent lire ou écrire; ce sont les femmes qui possèdent le peu d'instruction que l'on trouve dans le pays. (82)

Les Canadiens français, comme les Allemands, aiment vivre les uns avec les autres. Cette disposition est portée si loin, que tant que la ferme paternelle est susceptible d'être divisée, les enfants dès qu'ils sont en âge, en prennent une portion qu'ils cultivent pour leur compte... Ce n'est pas que les Canadiens n'aient l'esprit entreprenant. Lorsque l'occasion se présente de traverser les immenses lacs des régions occidentales, ils la saisissent avec empressement... On ne les entend jamais murmurer contre l'inclémence des saisons et les cruels tourments de la faim. Le Canadien est, de toute la terre, l'homme le plus enclin à la vanité, c'est elle qui soutient son courage; il triomphe, lorsqu'à son retour, il raconte à ses amis ou à ses parents l'histoire de ses voyages, et les dangers qu'il a courus sont les seuls trophées dont il aime à se parer. (83)

John Lambert va dans le même sens que Weld:

Les Canadiens français sont un peuple inoffensif et tranquille, possédant peu de diligence et encore moins d'ambition. Cependant poussés par l'appât du gain, par la pure vanité, ou par cette turbulence qu'occasionne trop souvent une trop fréquente indolence, ils peuvent braver les plus grandes épreuves.

Les habitants se contentent de marcher dans les traces de leurs ancêtres. Ils sont satisfaits de peu parce que peu réussit à combler leurs besoins... Ils vivent dans une médiocrité heureuse, sans désir ou effort d'améliorer leur condition...

Les Canadiens français sont remarquablement polis les uns envers les autres... Ils se querellent fort peu sauf sous l'effet de l'alcool; en d'autres temps, ils sont de bonne humeur, paisibles et amicaux. (84)

Hériot reprend aussi ces traits de caractères:

Les habitants ou paysans sont honnêtes, hospitaliers, religieux, inoffensifs, non informés, et possèdent beaucoup de simplicité, de modestie et de civilité. Indolents, attachés à des préjugés ancestraux, ils limitent leurs efforts à l'acquisition des nécessités de la vie négligent les commodités. Leurs tendances à l'inaction en retient plusieurs dans la pauvreté: mais comme leurs besoins sont limités, ils sont heureux. La tranquillité de l'esprit et la douceur de caractère semblent être les traits dominants de leur personnalité. (85)

Enfin, voici la description que nous a laissée l'Américain Joseph Sansom des Canadiens français des années 1820:

> *Les paysans du Bas-Canada, c'est-à-dire la grande majorité des gens, sont dans un état d'ignorance à peine inférieur à celui de leurs voisins Indiens; ils vivent dans un état de pauvreté juste au-dessus du seuil de l'absolu besoin; pourtant ils sont probablement aussi heureux que leurs voisins plus raffinés: de plus, ils sont certainement plus inoffensifs et moins mécontents... ces gens simples sont littéralement satisfaits du "pain quotidien", et laissent demain pourvoir à lui-même...*
>
> *L'orgueil national, au sens propre, à savoir un sentiment à l'égard du pays qui vous a donné naissance, est fort peu ressenti au Bas-Canada, où tout sentiment de gloire nationale se réfère à l'histoire oubliée d'un pays éloigné: et le gouvernement, auquel on obéit "par force", est étranger au peuple dont les sentiments ne peuvent être en accord avec ses objectifs ou ses ambitions.*
>
> *Un Canadien est prêt à admettre la supériorité du caractère américain et ne manifeste aucune partialité française, sauf l'étalage du Coq gaulois qui est perché sur la flèche de tous les clochers et au sommet de toutes les croix, avec le soleil, la fleur de lys et d'autres emblèmes dégradés de la monarchie française: la politique britannique a sagement permis à ces gens inoffensifs de conserver tout cela, aussi longtemps qu'ils se satisferont d'abandonner la substance même de l'indépendance nationale, pour n'en saisir que l'ombre et l'illusion. (86)*

Voilà donc comment les voyageurs étrangers qui vinrent au Bas-Canada percevaient le caractère national des habitants francophones: jovial et inoffensif sont les caractéristiques qui reviennent continuellement, avec aussi le peu d'ambition et la "tendance à l'oisiveté..." L'on peut conclure, peu importe l'exactitude de l'échantillon sur lequel se fondent les observateurs étrangers, que le groupe des francophones leur semblait constituer une entité particulière, distincte des Britanniques et des Américains: aussi leur différence se manifeste-t-elle dans la manière dont ensemble, ils savaient célébrer, chaque hiver, le "temps des fêtes" et occuper les longues heures de la saison des "froidures".

Deuxième partie

 Préambule

Les usages et coutumes séculaires du temps des fêtes, coutumes qui pour la plupart furent importées d'Europe et implantées ici dès les débuts de la colonie, se poursuivirent tout au long du XIXe siècle, longtemps après la conquête. Bien sûr, les nouveaux dirigeants imposèrent peu à peu des usages et des formes de réjouissances qui prévalaient dans leur propre pays, mais en plus, notre façon de célébrer Noël et le jour de l'an allait aussi subir l'influence de deux autres phénomènes, à savoir l'industrialisation et l'urbanisation, phénomènes qui vont d'ailleurs de pair, puisque c'est en grande partie le mode de production industriel qui amène les gens à quitter les fermes et à venir travailler dans les nouvelles industries urbaines.

Au début du XIXe siècle, les Canadiens français vinrent de plus en plus travailler dans les centres urbains: leurs nouvelles conditions de vie, de travail et de logement, modifièrent le caractère des fêtes de Noël, qui perdirent leur aspect familial et religieux et devinrent des événements beaucoup plus commerciaux: le cadeau et la carte de souhaits par exemple se dépersonnalisèrent pour se faire des objets de spéculations et de profits aux yeux de commerçants de plus en plus nombreux. Dès le début du XIXe siècle nous trouvons des auteurs qui déplorent la modification ou la perte de nos vieilles traditions, surtout dans les grandes villes, et qui décrivent avec nostalgie la messe de minuit et le réveillon rural. L'on devient donc conscient d'une nette distinction entre la manière de fêter en milieu anglophone et francophone, en ville et à la campagne: cette différence est bien lisible dans l'iconographie que nous reproduisons dans les pages qui suivent.

Le Marché

Quelques jours avant Noël, il y a dans les marchés des villes, une activité plus considérable que d'ordinaire: les gens achètent ce qu'il faut pour les réveillons et les réceptions de tous genres, victuailles qui viendront s'ajouter à celles qui ont été préparées longtemps à l'avance, en prévision de cette période de visites nombreuses: en décembre 1845, la **Revue Canadienne** écrit:

> *Il y a des années que le vieux Saint-Laurent s'est ainsi laissé prendre par surprise, il est d'ordinaire récalcitrant en diable, et on ne peut pas dire qu'il soit frileux: pour nous, nous ne trouvons pas dans nos souvenirs qu'il ait été possible de traverser à Longueuil, aussi à bonne heure que le quinze décembre.*
>
> *C'est une bonne fortune, vous pouvez croire, pour les habitants de Montréal, qui de suite ont retrouvé sur les marchés l'abondance des provisions et des denrées qui s'en étaient absentées depuis un long mois.*
>
> *Nos cultivateurs et fermiers du sud en profitent aussi; vous les voyez venir par longues files, comme des caravanes à travers les bourguignons, chargés de toutes espèces de provisions, de bois et autres articles de consommation.*
>
> *La présence de cet honnête Jean Baptiste au milieu de nous à cette époque de la saison peut bien nous réjouir, car une réduction dans les prix des marchés est aujourd'hui d'un grand secours pour les classes ouvrières et surtout pour les pauvres.*
>
> *Notre ville a pris de là aussi un aspect inaccoutumé et tout à fait bruyant et animé. Nos rues sont remplies de personnes de la campagne venues de toutes les parties du pays; et le commerce, qui se croyait en pleine saison morte, a vu tout à coup ses boutiques encombrées par des gens d'autant mieux disposés à acheter qu'ils*

Le temps des Fêtes

ont vendu leurs effets; et parce qu'encore nous sommes aux approches de ces jours tant désirés "des fêtes", où, bon gré mal gré, il faut délier les cordons de sa bourse.

Si vous êtes du pays, vous savez sans doute que si en été le Canadien aime à travailler, en hiver il faut qu'il s'amuse un peu: il faut dans ce temps-ci une petite fête par-ci par-là, avoir un ami à dîner, une petite soirée dansante, un souper fin, ces plaisirs-là en entraînent d'autres à leur suite. Ils sont accompagnés de dépenses et empêchent fort les écus de rouiller. Il faut de la toilette pour la bonne compagnie comme pour le peuple, pour les visites et pour les plaisirs de l'hiver; les boutiques vous invitent; le marchand a soin d'étaler à sa croisée ses étoffes les plus séduisantes, ses articles si beaux, si brillants qui peuvent satisfaire tous les goûts et ne vous laissent que l'embarras du choix; vous voyez aussi la colonne d'annonces des grands journaux qui vous étale toutes les douceurs du pâtissier et du confiseur en vogue, et ce programme des bonnes choses qui fait rêver d'avance les petits garçons et les petites filles, ces cadeaux et ces présents, dont nous ne parlerons pas aujourd'hui, puisque ça fait trembler ceux qui ont à donner et réjouir ceux qui n'ont qu'à recevoir.

Tous les équipages d'hiver sont organisés et lancés sur l'arène; l'arène, vous savez, est la rue Notre-Dame et la rue Saint-Jacques. A trois heures de l'après-midi, la foule qui circule est épaisse et vraiment plus considérable que jamais: c'est un tohu-bohu, un tapage, une rumeur, et surtout un spectacle récréatif et amusant...

On s'occupe en ce moment de reconstituer les soirées dansantes de l'hiver dernier, plus connues sous le nom d'Assemblées; mais pour plusieurs raisons, on ne réussira pas à y faire aller les dames canadiennes; nous sommes plus disposés que jamais à nous réunir en familles, et à nous amuser chacun chez soi: car, il faut bien le dire, aujourd'hui, tout le monde voit avec regret la position avilissante que nous occupons en politique, position qui fait saigner nos coeurs, mais qui doit avoir un terme. Il y a une inquiétude répandue dans nos rangs, qui influera sans doute sur les relations de la société, et notre gaieté française n'ira pas animer les bals publics, quand notre nationalité recevra des insultes aussi graves que celles que nous avons à déplorer. (1)

Malgré le contexte politique tendu, tout semblait aller pour le mieux dans les marchés montréalais en 1845; il en est de même dans les années 1870 au marché Bonsecours ou sur le marché de la Place Jacques-Cartier.

Chaque année se pose la question du prix des denrées que l'on voudrait se procurer pour le temps des fêtes: un commentateur de 1903 nous transmet l'échange de propos suivant:

L'opinion publique, 8 janvier 1870.

Que d'activités rue Saint-Paul, devant le marché Bonsecours, durant le temps des fêtes.

Le temps des Fêtes

- A combien cette dinde?
- Quatre dollars ou cinq dollars (suivant le cas).
- Diantre! c'est cher; mais combien les vendez-vous donc la livre?
- Je vous les laisserai pour 20 cents la livre...

Canadian Illustrated News, 7 janvier 1871.

Les gens de la ville achètent ce que les habitants de la campagne leur offrent, et tous s'interpellent joyeusement.

Le marché

*Et comme Noël est vendredi et qu'aujourd'hui est le dernier jour
de marché avant Noël, on achetait le dindon tant convoité...
La volaille et les oeufs sont les seuls produits de la ferme dont les
prix sont de nature à faire un peu ouvrir les yeux. Les autres
produits se vendent à des prix assez raisonnables. (2)*

Comme l'inflation n'est pas un problème nouveau, quelques
années plus tard, soit en 1920, un journaliste de **La Presse**
exprime un avis contraire lorsque la dinde se vendait à soixante
cents la livre:

*Produits peu attrayants mais de prix fort élevés. La dinde à
60 cents.*

SATURDAY AT BONSECOURS MARKET, MONTREAL.

Canadian Illustrated News, 10 janvier 1880.

*A l'origine le second étage du marché Bonsecours était occupé
par l'hôtel de ville de Montréal.*

Le temps des Fêtes

La place du marché Bonsecours, autrefois si achalandée à la veille de Noël, offrait ce matin, un aspect plutôt désolant. Les cultivateurs n'y étaient guère plus nombreux que les jours ordinaires et n'offraient en vente que de forts rachitiques oiseaux de basse-cour. Très rares les dindons, les oies, les canards, tant recherchés à cette époque de l'année. En revanche, beaucoup de porcs éventrés, gisant dans le fond de grands berlots.

Les acheteurs étaient aussi clairsemés et peu empressés de payer la dinde 60 cents la livre. Chez les gros négociants de volailles, l'attrait des décorations attirait naturellement la masse de la clientèle. Il faut dire que les étalages étaient superbement agencés et qu'il y avait de quoi tenter les gourmets, mais beaucoup se contenteront cette année encore, d'un modeste poulet pour leur dîner de Noël, au lieu du traditionnel dindon.

Il y eut un temps, qui n'est pas si lointain, où ce roi de la gent ailée, était considéré très cher, à 35 cents la livre. L'an passé on en demandait 53 à 54 cents, "rien que 60 cents" aujourd'hui "et c'est bon marché" vous disent d'un air convaincu cultivateurs et marchands de gibier. (3)

Cette même année, d'autres vendeurs présentaient ce prix comme étant même un prix de faveur:

- Combien les dindes?
- 60 cents la livre, la mère, mais c'est parce que c'est pour vous. Ces dindes-là, ça vaut 70 cents comme une cope. Même que j'ai refusé de les vendre à l'hôtel Windsor pour $1.00 la livre. Moi vous savez, j'suis un homme comme ça, j'aime mieux vendre un peu meilleur marché et être certain que mes dindes que j'ai élevées comme des enfants, seront mangées par du bon monde. Qu'est-ce que vous voulez, c'est pas de ma faute, j'suis bâti de même.
- Vous êtes un peu chérant. (4)

En plus de ces incidents d'ordre économique, la période de Noël était, à cause du plus grand volume d'activités, féconde en "faits divers"; par exemple, voici ce qu'on peut lire dans **Le Monde** du samedi 27 décembre 1890, à la une:

LE PONT DE GLACE

Ouverture des routes

Le pont de glace est formé depuis hier grâce au froid rigoureux qu'il fait depuis deux jours. On a commencé à tracer les traverses. Le pont de glace, comme on peut le voir par le tableau suivant, s'est formé de bonne heure cette année. Ce tableau indique la date de la formation du pont de glace depuis 1861:

1861	Jan. 10	1864	Jan. 7
1862	Jan. 9	1865	Jan. 4
1863	Jan. 20	1866	Jan. 10

L'opinion publique, 15 janvier 1874.

*Un exemple des attrayants étalages des bouchers, au marché
Bonsecours à l'occasion des fêtes.*

1867	Déc. 19	1879	Déc. 30
1868	Déc. 26	1880	Jan. 3
1869	Jan. 13	1881	Jan. 3
1870	Jan. 10	1882	Jan. 25
1871	Déc. 11	1883	Jan. 11
1872	Déc. 26	1884	Jan. 6
1873	Déc. 27	1885	Jan. 8
1874	Jan. 1	1886	Jan. 13
1875	Déc. 13	1887	Jan. 1
1876	Jan. 5	1888	Jan. 10
1877	Déc. 20	1889	Jan. 25
1878	Déc. 22	1890	Déc. 13

ACCIDENT

Panique sur la rue Saint-Jacques

Mercredi après-midi, à la nuit tombante, M. W. Emond a été victime d'un accident qui a produit pendant quelques instants une grande confusion sur la rue Saint-Jacques.

M. Emond se tenait sur le trottoir, en face du magasin des messieurs Morgan. La rue était encombrée d'équipages et de promeneurs affairés, en quête de cadeaux de Noël.

Deux superbes chevaux gris, un moment laissés en liberté par le cocher, se sont élancés tout à coup pris d'épouvante au milieu du dédale, donnant le signal d'un sauve-qui-peut général.

Un homme de police courageux s'étant élancé à la bride des deux chevaux, ceux-ci firent un bond de côté du trottoir et effleurèrent la vitrine de la maison Morgan. M. Emond se trouva accroché par une ferrure brisée qui rencontra une des jambes de son pantalon et traîné jusque sur la place Victoria.

Par une chance prodigieuse il en a été quitte pour quelques contusions et une douloureuse blessure à la jambe. Il a pu se faire conduire chez lui immédiatement après l'accident.

ALLURE IMMODÉRÉE

Hier matin la liste du Recorder était remplie de noms de citoyens arrêtés pour avoir conduit leur voiture trop vite dans les rues. Tous ont été condamnés à des amendes assez sévères. Tant pis pour ceux qui se font prendre; la police est décidée à agir avec rigueur, et elle fait bien.

LES TROTTOIRS

Un grand nombre de personnes auront peut-être ces jours-ci la surprise d'entendre frapper à leur porte un des huissiers de la cour du Recorder. Nous voulons parler de ceux qui n'enlèvent pas la neige sur leurs trottoirs. L'inspecteur des trottoirs est parti en guerre contre eux, ce matin; il ne fait pas de quartier.

Le marché

DESCENTE DE POLICE

Hier soir la police a pénétré dans une maison mal famée de la rue Jacques-Cartier, et a mis trois femmes en état d'arrestation. Stella Mitchison, maîtresse du logis, Emilie Bacon, habituée, et Délima Quenneville, servante. Les trois prisonnières ont comparu ce matin, et elles ont plaidé non coupable. Leur procès est fixé au 2 janvier à 11 heures.

DANS UNE MAISON DE DÉSORDRE

Vers 10½ heures hier soir, le sergent Beattie et le constable Lahaise, ont opéré une descente dans une maison de désordre de la rue Craig, tenue par Célina Thérien. Celle-ci a été arrêtée avec trois habituées: Mélina Lavoie, 24 ans; Rosanna Côté, 22 ans et Corinne Vernette, 22 ans. Toutes quatre ont comparu devant le Recorder-suppléant, et elles ont plaidé non coupable. Leur procès a été fixé au 8 janvier à onze heures.

NOËL CHEZ LES SAUVAGES

Il n'y a pas qu'à Montréal où l'on célèbre la fête de Noël en grand. A Caughnawaga on s'est distingué cette année.

La veille M. l'inspecteur Prudhomme a fait la visite de l'école des garçons et de celle des filles, et le soir le maître de poste avait un magnifique arbre de Noël, sur lequel il a invité les petites filles à venir chercher ce qui leur plairait. La messe de minuit a été célébrée par le Rév. P. Burtin o.m.i. Les sauvagesses en couvertes ont chanté avec une précision et un ensemble remarquables la messe bordelaise en langue iroquoise. (5)

Messe de Minuit

Le soir du 24 décembre enfin venu, c'est le départ de la maison pour aller à la messe de minuit; on s'y rend par les petites routes à travers la campagne, ou par les rues des villes; artistes et littérateurs nous ont laissé d'innombrables récits de ces excursions nocturnes vers l'église enneigée.

Monde illustré, 22 décembre 1900.

A pieds ou en voitures, les paroissiens des rangs et du village se rendent à la messe de minuit de Noël.

Messe de minuit

E.J. Massicotte, Nos Canadiens d'autrefois,
Granger, Montréal, 1923.

C'est un des plus nobles paysages canadiens. La nuit est la classique nuit de Noël; la lune est ronde et claire; le firmament piqué d'étoiles fait rêver aux astres de Bethléem. Il a neigé. La neige a une clarté; sur les toits, aux branches des arbres sans feuilles, sur le sol, elle reluit comme les fenêtres du village et de l'église. La paroisse entière est venue à la messe nocturne. Le flot noir des fidèles déborde largement du temple dont les portes sont ouvertes à deux battants. La foule reste compacte aux abords de la maison de Dieu, échangeant, prolongeant ses émotions dans les derniers échos de la musique sainte. Quelques voitures s'ébranlent, quelques fidèles se hâtent de rentrer chez eux. Ceux-là qui sont au premier plan, échangent des saluts de fraternité, ont sur la figure la joie saine dès anciens. Tout à l'heure les fenêtres de l'église seront éteintes; le toit, le clocher brilleront seuls sous la neige lumineuse. Alors les fenêtres de toute la paroisse s'allumeront. Par tous les chemins s'en vont les gens de la messe de minuit, rêvant encore à la crèche, à la communion divine. Les grelots des voitures ont un son plus argentin; il semble que les anges chantent quelque part dans la campagne.

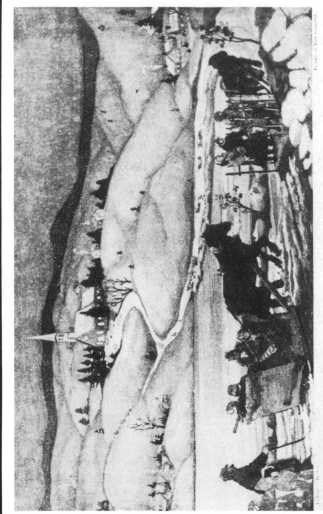

Le Samedi, 19 décembre 1942.

La Presse, 22 décembre 1934

La même tradition se retrouve dans les petites villes: ici, un retour de messe de minuit à La Prairie.

Le Monde Illustré, 26 décembre 1896.

Dans les maisons bourgeoises de Montréal, l'on se prépare aussi pour la messe de minuit, peut-être à Notre-Dame comme le suggère le paysage d'en haut.

La Presse, 21 décembre 1929

Le choeur chante Noël durant la messe de minuit à Notre-Dame de Montréal: ce n'est plus la simplicité des cérémonies aux villages.

Le monde illustré, 29 décembre 1894.

A la campagne, on rentre en traîneaux sur les rivières glacées; à la ville on peut souvent rentrer à pieds par les grandes rues commerciales éclairées.

Cette tradition s'est perpétuée en ville, dans un contexte, il va de soi, différent de celui de la petite église de village: aussi au début du XXe siècle, plusieurs comparent les Noëls ruraux aux nouveaux Noëls en ville, et évoquent avec nostalgie la féerie de la messe de minuit dans les petits villages de leur enfance.

Dans une de ses "Chroniques du lundi", celle du 30 décembre 1895, signée Françoise et publiée dans **La Patrie,** Robertine Barry déplore que trop souvent dans les villes, la messe de minuit n'est plus qu'un genre de concert mondain onéreux, qui ne touche plus les sentiments et qui n'est plus accessible à tous les paroissiens.

Hélas! les vieux Noëls, les naïfs cantiques — ces émouvantes et chères traditions du passé, — s'en vont donc eux aussi!

On ne les retrouve plus que dans les récits et les contes, et c'est en vain que le coeur, ému par ces réminiscences, demande aux échos de lui répéter les chants simples et beaux, rien ne se fait entendre...

On crie de tous côtés que la foi s'en va, qu'elle n'est pas aussi vivace, aussi ardente qu'aux anciens jours. Eh! mon Dieu! que fait-on pour l'activer? pour ranimer l'étincelle qui luit encore au milieu des cendres refroidies?

Il faut quelque chose qui frappe droit au but, un moyen infaillible et sûr qui aille au coeur, et ce moyen, ce n'est pas tant d'éblouir l'esprit comme de toucher l'âme.

Il faut ramener l'impie ou l'indifférent aux jours pleins de foi de son enfance; à ce temps béni où il était si heureux de croire, et ce retour fera plus pour son âme que tout le reste.

Qu'est-ce que ces magistrales interprétations de classique musique, données cette année dans la plupart des églises, qu'est-ce que tous ces flonflons d'orchestre ont dit à l'homme du monde, allé à la messe de minuit pour oublier ses affaires et retremper son âme en retrouvant les émotions d'autrefois?

Ils l'ont laissé indifférent, ennuyé, éprouvant un vague désappointement de ne pas ressentir les sensations qu'il espérait.

Qu'ont-ils dit à celui qui ne croit plus? D'autres chants auraient peut-être, en évoquant les souvenirs de son enfance, éveillé des regrets, excité des remords, mais ses oreilles seules ont été amusées et son coeur est demeuré insensible.

Qu'ont-ils dit à la mondaine? Ils ne l'ont pas distraite, croyez-moi, une seule fois de sa toilette.

Et qu'ont-ils dit au pauvre? Ils ne lui ont certes pas fait oublier sa pénible condition; ils ne lui ont pas parlé de Jésus dans sa crèche, de Dieu fait homme, humble et misérable comme lui, pour l'encourager et lui enseigner l'exemple de la souffrance.

Ah! gardez donc vos superbes orchestrations, vos chants savants pour les autres fêtes, et donnez-nous une fois, une seule fois par année, nos chères pastorales, si poétiques et si mélodieuses, qui vont au coeur et le fondent si délicieusement.

Oh! les douces et salutaires impressions d'une messe de minuit comme celle-là! les bonnes larmes qu'elles mettent aux yeux, et les ferventes prières que murmurent les lèvres!

Comprendra-t-on jamais tout le bien moral qui résulte de ces solennités?

Je le dis parce que je le sais, je le dis parce que c'est le cri de tous, et que je suis aujourd'hui l'interprète de la grande majorité:

Redonnez-nous nos antiques messes de Noël!

* * *

En certaines églises, on serait tenté de croire, si l'on en juge par les prix exorbitants demandés pour les sièges, que la messe de minuit est une spéculation.

C'est le même prix qu'au théâtre, et la comparaison ne s'arrête pas là, puisque j'ai vu des hommes se rendre à l'église en cette occasion, vêtus de leur habit de gala.

Eh! quoi, tout cela pour honorer celui qui eut pour abri une étable, pour édredon, un peu de paille? Ah! que le contraste fait réfléchir.

Oui, c'est pour ce même Dieu qui n'eut jamais qu'une pierre pour reposer sa tête, lui qui est venu surtout pour les pauvres, qu'il faut payer à prix d'argent le privilège de venir l'adorer dans sa crèche? Etrange paradoxe!

Aussi, les déshérités des biens de ce monde se trouvent-ils bannis de ces lieux.

Dans ces nefs resplendissantes de richesse et d'élégance, l'humble blouse du savetier ferait tache. Et le charpentier Joseph frapperait en vain à la porte:

"Ils n'ont plus de place," pourrait-il répéter comme autrefois, il y a deux mille ans, en une pareille nuit...

Il y a de nobles exceptions.

A la cathédrale, notamment, le prix très modique des places ne varie en aucune occasion. C'est toujours dix sous pour le meilleur siège, en quelque endroit que vous le choisissiez.

Et pourtant, sur cette coupole de la grande cathédrale, une dette de deux cent mille dollars demanderait à être amoindrie...

Mais on a raison, la maison de Dieu ne doit être qu'un lieu de prière, où le pauvre et le riche puissent également se présenter devant Lui.

C'est pourquoi, c'est le Noël à la campagne qui reste l'idéal proposé, tel que le souhaite dans **Le Devoir** du 23 décembre 1922, Adélard Dugré, SJ.:

Quel est le Canadien français des grandes villes qui ne forme à l'approche de Noël, le rêve dont parle Henri Lavedan, "de partir, à l'extrémité de décembre, et de fuir la bestiale ville, pour arriver, aux tâtonnements du soir, loin, bien loin d'ici, dans quelque hameau de vieille province"? Là, "l'on attendrait la nuit qui s'allongerait et pèserait bientôt, calme et mystérieuse, sur le monde aux aguets qui fait semblant de sommeiller; et quand elle aurait déroulé tous les tapis de son silence et tous les velours de sa paix, une cloche alors, douce, tinterait. Une par une l'on verrait sortir des maisons les lentes ombres des fidèles;... par les flancs du coteau, dans le lit des vallées serpenterait la procession des coiffes, des sabots et de la laine, le clignotant pèlerinage des frileuses lanternes".

116

Messe de minuit

C'est bien dans ce décor qu'on aime à se représenter la nuit de Noël au Canada français. Nos dessinateurs l'ont désormais fixée, nos grands peintres la livreront aux âges futurs: c'est la fête de tout un peuple qui, dans la nuit, accourt vers l'église, comme autrefois les bergers vers la grotte de Bethléem, pour chanter sa délivrance et saluer son Rédempteur.

Dans les vieilles paroisses qui bordent le Saint-Laurent, dans les places nouvelles qui s'accrochent aux flancs des Laurentides, partout sur l'immense champ de neige, des voitures glissent rapidement, des maisons secouent leur sommeil, des églises s'illuminent, des cloches sonnent à toute volée, des prières et des cantiques s'échappent de toutes les lèvres.

Noël, chez nous comme en France, comme dans tout le monde catholique, c'est avant tout une fête d'église, le jour de la messe de minuit, la fête du petit Jésus couché dans une crèche garnie de paille, saupoudrée de neige, encadrée de sapins noirs. Faire de notre Noël une fête tapageuse et mondaine, ce serait rompre avec une de nos traditions les plus caractéristiques et les plus précieuses; ce serait une grave erreur que d'en faire, pour les enfants, une fête de bombance et de gâteries. Gardons notre Noël des jours anciens, fête pieuse, pleine de mysticisme et de visions célestes, fête où les vieux rappellent les Noëls d'antan, où l'on songe encore aux premiers hivers de la Nouvelle-France, quand M. le gouverneur passait le pain bénit dans la pauvre église de planches, quand un violon rehaussait l'éclat des solennités liturgiques, quand on chantait une belle messe en faux bourdon.

Et puisque nos autorités les plus vénérables nous invitent à garder nos traditions, léguons pieusement aux petits qui viendront après nous cet aspect solennel et touchant de la grande fête chrétienne. Qu'elle reste avant tout fête religieuse, nuit de prière et d'allégresse surnaturelle. Ne permettons pas au théâtre, au cinéma, à la salle de danse de faire trop forte concurrence à l'église en cette belle nuit. La littérature française elle-même, si riche, si débordante quand elle parle de Noël, protesterait contre cette déviation qui la rendrait inintelligible pour les générations futures.

Même dans les villes, gardons notre Noël d'autrefois, avec sa veillée de cantiques, sa messe de minuit, sa communion générale, son réveillon en famille. C'est un malheur que nos églises de ville, pourtant si vastes et si nombreuses, ne suffisent pas à recevoir tous ceux qui s'y précipitent ce soir-là. Chacune, se dilatant à pleine capacité, pourra bien accueillir deux ou trois mille privilégiés, mais c'est dix mille, quinze mille, vingt mille personnes qui voudraient y prendre place. Ceux qu'on sacrifie les premiers, ceux qu'on laisse à la porte, ce sont les enfants. Pauvres petits! Quand ils vieilliront à leur tour, il leur manquera donc des souvenirs

117

précieux, ces lointaines visions de féerie où les anges, un soir, vinrent soudain tirer l'univers de sa torpeur et lui annoncer qu'un Sauveur était né. Tandis qu'ils dormiront ou feront semblant de dormir, les grands s'échapperont pour se plonger une fois de plus dans la chaude atmosphère de l'église éblouissante et rêver à des jours déjà loins, bercés par les chants des bergers et des anges, les yeux fixés sur la crèche mystérieuse.

Conservons nos pieuses nuits de Noël. Gardons-nous comme d'un sacrilège d'en faire des nuits d'orgie ou de plaisirs mondains. Nous devons bien cela aux cinquante générations de chrétiens de la Gaule, aux dix générations de Canadiens de vieille race, qui nous ont fait ce que nous sommes!

Adélard DUGRÉ, S.J

Et voici le récit typique d'un **Noël rustique** d'enfance, fait en 1910 par l'abbé Camille Roy.

Ce soir, ma pensée se charge de poésie: non pas, cette fois, de la poésie que l'on va chercher aux pages des livres, mais de celle qui émane et se dégage des choses; de la poésie qui se concentre, à cette heure de décembre, et flotte autour des arbres de Noël, dans l'ombre des crèches, au foyer des vieilles cheminées.

Toujours, sous sa baguette magique enveloppée de givre, Noël a enchanté les âmes, et fait tourner dans les imaginations le rêve d'or des vieux souvenirs. Ce soir, au moment où le crépuscule hâtif fait se rallumer au ciel les feux de la nuit, et pendant que déjà les petites têtes blondes s'emplissent des espérances de l'aube prochaine, remontons vers les Noëls d'autrefois.

Je me rappelle, et ma mémoire en est toute baignée de clartés d'aurore, ma première fête de Noël: je veux dire, la première nuit de Noël où je fus jugé assez grand — et sans doute assez sage — pour accompagner mes parents à l'église. Certes, chez nous, où tant de Noëls domestiques s'ajoutaient en toutes saisons aux Noëls liturgiques, le tour d'être grand et d'être sage venait lentement. En notre foyer populeux, chacun prenait son temps pour vieillir; et il y en eut quinze avant moi qui ne se pressèrent pas... Enfin, cette année-là, je parus au conseil de famille assez raisonnable, et l'on me confia, un jour que j'avais sans doute plus long-temps et mieux "bercé", que l'on m'amènerait en carriole à la messe de minuit. J'irais enfin voir, à l'heure nocturne où il revient mystérieusement dans sa crèche, l'enfant rose, tout habillé de lin et de dentelles, l'Enfant divin dont le nom seul passe comme une caresse dans l'imagination des petits. Cette nouvelle m'apporta une grande joie; peut-être me fit-elle déjà meilleur? La joie bonne est pour les enfants eux-mêmes une première expérience, et salutaire, de la vie.

Messe de minuit

Cette première messe de minuit, cette longue route deux fois parcourue au son des grelots, à une heure si inaccoutumée, cette veille de Noël, cette soirée d'hiver est restée, dans ma mémoire, chargée de lumière et d'étoiles!

Que de choses nouvelles elle avait, d'ailleurs, enveloppées dans ses clartés incertaines! Songez donc: Berthier traversait alors une crise, une crise de civilisation intense. Berthier allait renoncer à ses modestes traditions, oublier son passé routinier, se payer le luxe des plus extravagants progrès. Jusque là, fidèle aux antiques coutumes, Berthier avait éclairé à la chandelle ses nuits de Noël, son église pieuse, la crèche symbolique: cette fois, il allait répandre à flots d'or, sous la voûte obscure, la lumière des lampes à pétrole. Jusque-là, c'étaient des voix humaines seules, un peu rugueuses, à la vérité, et chevrotantes parfois, qui avaient chanté la "nouvelle agréable", et fait écho aux "anges dans nos campagnes": cette nuit, c'était une voix artificielle et bien sonnante, la musique, l'harmonium prétentieux qui allait accompagner le choeur rustique, et laisser pour la première fois tomber du jubé sur la foule ses notes compliquées et mélodieuses.

Depuis quinze jours, dans la paroisse, on ne parlait que de cela. M. le curé lui-même en avait fait le sujet d'un long prône.

Les jeunes gens n'avaient pas été priés, comme d'habitude, de passer par les maisons pour faire la tournée de la chandelle. Elle était si gaie la quête des chandelles! de ces chandelles qu'avait faites elle-même la maîtresse du logis et qu'elle avait retirées hier, toutes rigides, jaunes comme de l'ambre, de leurs vieux moules de fer blanc! Cette quête donnait aux jeunes garçons des airs si honnêtes! Elle les faisait pénétrer si discrètement, et pour de si bons motifs, dans toutes les maisons du canton! Et l'on aimait tant s'attarder, ici ou là, à jaser avec le vieux, près du poêle où il fumait sa pipe et réchauffait ses quatre-vingts ans, à causer avec la vieille qui arrêtait un moment d'écharpiller sa laine pour s'informer des voisins! On recommençait si volontiers, partout, les conversations banales ou plaisantes, s'entretenant avec les amis du train de la ferme, des "buchâges" d'automne fâcheusement retardés, du "battage" qui n'était pas fini, des divertissements prochains, des longues veillées des "fêtes", des bans de mariages que les commères avaient déjà publiés... L'on aimait tant surtout — et c'était vraiment la minute délicieuse de la tournée — l'on aimait tant goûter aux croquignoles que préparait pour Noël et le jour de l'an la jeune fille de la maison! L'aimable cuisinière, enfarinée et gentille, tout en taillant la pâte sur le couvert renversé de sa huche, ne manquait pas d'offrir aux jeunes gars ses friandises rissolantes; sous leurs yeux qu'allumait la convoitise, elle les faisait alors dorer de son mieux, et se tordre capricieusement dans l'écume de la graisse bouillante. Hélas! cette année-là, il avait fallu renoncer à la tournée charitable, aux causeries bavardes, aux croquignoles

119

galantes, et aux chandelles. Le progrès emportait pour jamais toute cette poésie des vigiles de Noël...

*

* *

Nous partîmes de bonne heure pour aller à l'église. Le chemin qui y conduit est long de près d'une lieue, et les grands frères et les parents qui voulaient communier devaient aller, dans la soirée, attendre longtemps et avec dévotion leur tour d'entrer au confessionnal.

Quelle nuit claire, froide, radieuse, dont la beauté splendide se refait plus précise aujourd'hui sous l'appel plus conscient des souvenirs! Pas de nuages au ciel; et pas de lune. Mais des étoiles plein la voûte d'azur sombre. La route et les champs voisins en étaient tout illuminés. La terre, recouverte d'une mince couche de neige verglacée par des pluies récentes, faisait miroiter sous la lumière sidérale ce revêtement d'acier. A gauche, le fleuve large ne faisait plus entendre le mugissement de ses flots emprisonnés; de grosses glaces, épaisses, qu'avait soulevées et brisées la pulsation lente et irrésistible de la marée, s'empilaient les unes sur les autres, cependant que, ici et là, sur l'étendue vaste des battures, des surfaces polies et brillantes, de larges et longs patinoirs préparés comme des lacs de glace fine et noire.

Le chemin sur lequel nous emportait de son train modéré la jument vieille, pas ombrageuse, et si commode pour les voyages de nuit, n'était lui-même qu'une piste durcie, toute glacée, propice aux patineurs, sur laquelle se cramponnait avec force notre coursier prudent. De temps en temps passaient de chaque côté de la voiture, et filaient devant nous, les jeunes gens du "coteau", montés sur des patins, qui se hâtaient vers l'église. Ces fils de marins et d'ouvriers étaient sortis de bonne heure, eux aussi, des maisons petites et proprettes, groupées comme des soeurs sur les tufs de la Micami. (1) Elégants et rapides, ils s'en allaient comme des ombres courbées et fuyantes, et l'on n'entendait plus bientôt que le déchirement sec de la glace se brisant sous la morsure de leurs éperons.

Notre cavale n'en était ni plus fringante, ni plus découragée. Elle faisait toujours sauter sur sa croupe, en un rythme monotone, la bande des grelots sonores; elle avançait d'une allure régulière. Cependant, nous passâmes enfin, à notre tour, entre des maisons drues et illuminées, qui semblaient aller au train de la vieille. C'était le "faubourg" de ma paroisse que nous traversions,

---

(1) Nom donné par les gens de Berthier (en bas), à ce village d'"emplacitaires", situé sur un coteau, à deux milles à l'ouest de l'église, et composé surtout de navigateurs et d'ouvriers.

120

faubourg indiscret, bâti tout au bord du chemin, peu fréquenté, et que j'aurais pris pour une rue solitaire de Québec, si alors j'avais connu Québec et sa solitude...

*

* *

La cloche fait entendre son dernier appel. Sa voix tremble et nasille dans le vieux clocher trapu qui s'élevait alors sans grâce sur mon église natale. La cloche grêle du vieux clocher trapu avait de l'émotion plein la gorge: elle ne laissait tomber de sa tribune aérienne que des sons étouffés, entrecoupés, aussitôt perdus dans l'air froid de la nuit. Cependant, le peuple, qui l'avait devinée plutôt qu'entendue, sortait des magasins et des maisons voisines et s'empressait vers le temple.

Déjà, et toute la soirée, l'église avait accueilli de nombreux fidèles. On avait tant hâte d'y voir briller les lampes nouvelles, d'y entendre l'harmonium tout neuf, et il faisait si bon, aussi, se chauffer en égrenant son chapelet autour des deux poêles qui ronflaient à chaque bout de la grande allée.

A vrai dire, l'illumination de mon église natale n'était pas féeriques. Les lampes suspendues deux à deux dans la nef, et assez espacées, éclairaient bien d'un jour suffisant les têtes dévotes des priants: elles faisaient même voir à nos yeux étonnés le petit bâtiment immobile — ex-voto de quelque marin sauvé du naufrage — qui, toutes voiles déployées aux vergues, et peuplé de petits hommes de bois, semblait voguer sans cesse dans l'espace, vers l'entrée du sanctuaire, sur une mer invisible; mais ces lampes trop rares, impuissantes à chasser toute l'obscurité du temple, laissaient flotter dans la voûte un nuage dispersé des ténèbres. Et pourtant, c'était merveille de voir la lumière discrète se répandre en un vaisseau si vaste, et y troubler, sans le dissiper tout à fait, le mystère de la nuit profonde. L'âme prie bien mieux près de la crèche enveloppée d'ombres: elle se souvient plus aisément de l'étable humide et obscure, du mystère nocturne de Bethléem. Il y a trop de lumières, et aujourd'hui trop d'électricité, autour de la paille brillante des crèches de cathédrales...

Oh! comme elle était simple, nue et pauvre, la grande cage vitrée, au toit pointu, aux barreaux minces, dans laquelle souriait sur la paille le petit enfant, rose, tout habillé de lin et de dentelles!

On l'avait mise, cette crèche fermée et transparente, sur l'autel latéral de droite, à quelques pas de la table sainte, où nous, les petits enfants, nous allions nous agenouiller pour mieux voir Jésus, et pour en être mieux entendus. Quelques fleurs artificielles et fanées l'entouraient sans ostenstation, et de grosses lampes versaient sur le toit de verre leur lumière tranquille.

Nous étions là, les petits, pendant la messe de minuit, groupés autour du "banc d'oeuvre", à genoux, debout, assis près des

121

balustres, regardant tour à tour avec tous nos yeux, la crèche, le sanctuaire, la foule, les lustres suspendus, le petit bâtiment aux voiles déployées, le jubé où s'efforçait l'harmonium. Et nous priions aussi avec l'attention sérieuse de grandes personnes; nous faisions au petit enfant des demandes qui le faisaient sourire. Et nous écoutions chanter les voix qui clamaient la venue du Messie. Il est né le divin Enfant!... Nouvelle agréable!... Les anges dans nos campagnes... Suspendant leur douce harmonie, les cieux étonnés se sont tus... Tous ces cantiques, et tous ces airs nous étaient depuis longtemps familiers. Mon père qui chantait au lutrin ne pouvait les ignorer; il les chantait souvent le soir en nous caressant sur ses genoux; il fit avec ces pieux refrains toute l'éducation musicale de sa famille.

Je n'ai pas gardé le souvenir des détails liturgiques de cette nuit bienheureuse, de toutes les voix qui se firent entendre, de toutes les cérémonies qui se déroulèrent à l'autel. Il ne m'est resté de tout cela qu'un bruit confus d'harmonie, qu'une vision mêlée de rêves imprécis.

A cette longue distance des événements, je présume cependant que l'on dut chanter, cette nuit-là, la messe bordelaise. A Berthier, quand c'était grande fête, on chantait toujours la messe bordelaise; on priait peu pendant cette messe-là, et l'on prenait plaisir extrême à y entendre haleter les solistes.

Au moment de la communion, après que la clochette eut trois fois appelé les fidèles, M. le Curé distribua longtemps l'hostie blanche et pure, et longtemps le petit Jésus passant de lèvres en lèvres multiplia dans les coeurs son berceau divin. Les bonnes gens, tout recueillis, enveloppés dans leurs lourds habits d'hiver, s'en retournaient à leurs places, pensifs et heureux, comme les bergers de Chanâan après leur première adoration...

*
* *

Après une deuxième messe, celle de l'aurore, messe plus courte, pendant laquelle les cantiques éclataient plus joyeux et plus distraits, nous revînmes au logis paternel. C'était un peu avant la deuxième heure du jour, et nous allions, plus pressés, dans le vent sec qui brûlait les visages, et sous la clarté toujours scintillante des étoiles.

A la maison, un réveillon substantiel, tel qu'on sait l'imaginer dans les cuisines rurales, et qui avait mijoté toute la soirée dans le fourneau patient, attendait les gens de la messe.

La maison était chaude, accueillante, toute pleine du ronflement des bûches d'érable qui se consumaient dans le foyer. Le réveillon substantiel calma les appétits irrités par le long voyage, et il prépara le repos attardé de la nuit.

Messe de minuit

> *Cependant, longtemps après que chacun se fut mis au lit, et que tout fut redevenu silencieux, le sommeil hésitait encore à fermer mes paupières. Et dans la tranquillité sombre du dortoir où rêvaient déjà mes grands frères, j'entendais sonner les grelots, je me sentis emporté à la dérive dans la carriole rapide, je regardais clignoter les étoiles, et filer les patineurs, je revoyais le clocher trapu, les lampes suspendues deux à deux par de longues tiges à la voûte obscure, le petit bâtiment qui voguait sans cesse, j'écoutais l'harmonium neuf et les airs de Noël, j'apercevais sous une cage de verre éclairée de grosses lampes brillantes, le petit Jésus, tout rose, habillé de lin et de dentelles...*

Il y aussi la tristesse de ceux qui ne peuvent pas se rendre à la messe de minuit, une tempête par exemple les empêchant de franchir la distance qui les sépare de l'église du village: ce fut, une année, le cas de Maria Chapdelaine, l'héroïne de Louis Hémon; les pages qui relatent ce fait (tout le chapitre IX) restent exemplaires:

> *Depuis la venue de l'hiver, l'on avait souvent parlé chez les Chapdelaine des fêtes, et voici que les fêtes approchaient.*
>
> *— Je suis à me demander si nous aurons de la visite pour le jour de l'an, fit un soir la mère Chapdelaine.*
>
> *Elle passa en revue tous les parents ou amis susceptibles de venir.*
>
> *— Azalma Larouche ne reste pas loin, elle; mais elle est trop paresseuse. Ceux de Saint-Prime ne voudront pas faire le voyage. Peut-être que Wilfrid ou Ferdinand viendront de Saint-Gédéon, si la glace est belle sur le lac...*
>
> *Un soupir révéla qu'elle songeait encore à l'animation des vieilles paroisses au temps des fêtes, aux repas de famille, aux visites inattendues des parents qui arrivent en traîneau d'un autre village, ensevelis sous les couvertures et les fourrures, derrière un cheval au poil blanc de givre.*
>
> *Maria songeait à autre chose.*
>
> *— Si les chemins sont aussi méchants que l'an dernier, dit-elle, on ne pourra pas aller à la messe de minuit. Pourtant j'aurais bien aimé, cette fois, et "son" père m'avait promis.*
>
> *Par la petite fenêtre, elle regardait le ciel gris, et s'attristait d'avance. Aller à la messe de minuit, c'est l'ambition naturelle et le grand désir de tous les paysans canadiens, même de ceux qui demeurent le plus loin des villages. Tout ce qu'ils ont bravé pour venir: le froid, la nuit dans le bois, les mauvais chemins et les grandes distances, ajoute à la solennité et au mystère. L'anniversaire de la naissance de Jésus devient pour eux plus qu'une date ou un rite: la rédemption renouvelée, une raison de grande joie, et l'église de bois s'emplit de ferveur simple et d'une*

atmosphère prodigieuse de miracle. Or plus que jamais, cette année-là, Maria désirait aller à la messe de minuit, après tant de semaines loin des maisons et des églises; il lui semblait qu'elle aurait plusieurs faveurs à demander, qui seraient sûrement accordées si elle pouvait prier devant l'autel, au milieu des chants.

Mais au milieu de décembre, la neige tomba avec abondance, fine et sèche comme une poudre, et trois jours avant Noël le vent du nord-ouest se leva et abolit les chemins.

Dès le lendemain de la tempête, le père Chapdelaine attela Charles-Eugène au grand traîneau et partit avec Tit'Bé, emmenant des pelles, pour tenter de fouler la route ou d'en tracer une autre. Les deux hommes revinrent à midi, épuisés, blancs de neige, disant que l'on ne pourrait passer avant plusieurs jours.

Il fallait se résigner; Maria soupira et songea à s'attirer la bienveillance divine d'une autre manière.

— C'est-il vrai, "sa" mère, demanda-t-elle vers le soir, qu'on obtient toujours la faveur qu'on demande quand on dit mille Ave le jour avant Noël?

— C'est vrai, répondit la mère Chapdelaine d'un air grave. Une personne qui a quelque chose à demander et qui dit ses mille Ave comme il faut avant la minuit de Noël, c'est bien rare si elle ne reçoit pas ce qu'elle demande.

La veille de Noël, le temps était froid, mais calme. Les deux hommes sortirent de bonne heure pour tenter encore de battre le chemin, sans grand espoir; mais longtemps avant leur départ et à vrai dire longtemps avant le jour, Maria avait commencé à réciter ses Ave. Réveillée de bonne heure, elle avait pris son chapelet sous son oreiller et de suite s'était mise à répéter la prière très vite, revenant des derniers mots aux premiers sans aucun arrêt et comptant à mesure sur les grains du chapelet.

Tous les autres dormaient encore; seul, Chien avait quitté sa place près du poêle en la voyant remuer et était venu s'accroupir près du lit, solennel, la tête posée sur les couvertures. Les regards de Maria se promenaient sur le long museau blanc appuyé sur la laine brune, sur les yeux humides où se lisait la simplicité pathétique des animaux, sur les oreilles tombantes au poil lisse, pendant que ses lèvres murmuraient sans fin les paroles sacrées: "Je vous salue, Marie, pleine de grâce..."

Bientôt Tit'Bé sauta à bas de son lit pour mettre du bois dans le poêle; par une sorte de pudeur Maria se détourna et cacha son chapelet sous les couvertures tout en continuant à prier. Le poêle ronfla; Chien retourna à sa place ordinaire, et pendant une demi-heure encore tout fut immobile dans la maison, sauf les doigts de Maria, qui comptaient les grains de buis, et sa bouche qui priait avec l'assiduité d'une ouvrière à sa tâche.

124

Messe de minuit

Puis il fallut se lever, car le jour venait, préparer le gruau et les crêpes pendant que les hommes allaient à l'étable soigner les animaux, les servir quand ils revinrent, laver la vaisselle, nettoyer la maison. Tout en vaquant à ces besognes Maria ne cessa pas d'élever à chaque instant un peu plus haut vers le ciel le monument de ses Ave; mais elle ne pouvait plus se servir de son chapelet, et il lui était difficile de compter avec exactitude. Quand la matinée fut plus avancée pourtant, elle put s'asseoir près de la fenêtre, car nul ouvrage urgent ne pressait, et poursuivre sa tâche avec plus de méthode.

Midi! trois cents Ave déjà. Ses inquiétudes se dissipèrent, car elle se sentait presque sûre maintenant d'achever à temps. Il lui vint à l'esprit que le jeûne serait un titre de plus à l'indulgence divine et pourrait raisonnablement transformer son espoir en certitude; elle mangea donc peu, se privant des choses qu'elle aimait le plus.

Pendant l'après-midi elle dut travailler au maillot de laine qu'elle voulait offrir à son père pour le jour de l'an, et bien qu'elle continuât à murmurer sans cesse sa prière unique, la besogne de ses doigts parut la distraire un peu et la retarder; puis ce fut les préparatifs du souper, qui furent longs; enfin Tit'Bé vint faire radouber ses mitaines, et pendant tout ce temps les Ave n'avancèrent que lentement, par à-coups, comme une procession que des obstacles sacrilèges arrêtent.

Mais quand le soir fut venu, toute la besogne du jour achevée, et qu'elle put retourner à sa chaise près de la fenêtre loin de la faible lumière de la lampe, dans l'ombre solennelle, en face des champs parquetés d'un blanc glacial, elle reprit son chapelet et se jeta dans la prière avec exaltation. Elle était heureuse que tant d'Ave restassent à dire, puisque la difficulté et la peine ne donnaient que plus de mérite à son entreprise, et même elle eût souhaité pouvoir s'humilier davantage et donner plus de force à sa prière en adoptant quelque position incommode ou pénible, ou par quelque mortification.

Son père et Tit'Bé fumaient, les pieds contre le poêle; sa mère cousait des lacets neufs à de vieux mocassins en peau d'orignal. Au dehors la lune se leva, baignant de sa lumière froide la froideur du sol blanc, et le ciel fut d'une pureté et d'une profondeur émouvantes, semé d'étoiles qui ressemblaient toutes à l'étoile miraculeuse d'autrefois.

"Vous êtes bénie entre toutes les femmes..."

A force de répéter très vite la courte prière elle finissait par s'étourdir et s'arrêtait quelquefois, l'esprit brouillé, ne trouvant plus les mots si bien connus. Cela ne durait qu'un instant: elle fermait les yeux, soupirait, et la phrase qui revenait de suite à sa mémoire et que sa bouche articulait, sortait de la ronde machinale et se détachait, reprenant tout son sens précis et solennel.

"...Vous êtes bénie entre toutes les femmes..."

Une fatigue pesa sur ses lèvres à la longue, et elle ne prononça les mots sacrés que lentement et avec plus de peine; mais les grains du chapelet continuèrent à glisser sans fin entre ses doigts, et chaque glissement envoyait l'offrande d'un Ave vers le ciel profond, où Marie pleine de grâce se penchait assurément sur son trône, écoutant la musique des prières qui montaient et se remémorant la nuit bienheureuse.

"...Le Seigneur est avec vous..."

Les pieux des clôtures faisaient des barres noires sur le sol blanc baigné de pâle lumière; les troncs des bouleaux qui se détachaient sur la lisière du bois sombre semblaient les squelettes de créatures vivantes que le froid de la terre aurait pénétrées et frappées de mort; mais la nuit glacée était plus solennelle que terrible.

— Avec des chemins de même nous ne serons pas les seuls forcés de rester chez nous à soir, fit la mère Chapdelaine. Et pourtant y a-t-il rien de plus beau que la messe de minuit à Saint-Coeur-de-Marie, avec Yvonne Boilly à l'harmonium, et Pacifique Simard qui chante le latin si bellement!

Elle se faisait scrupule de rien dire qui pût ressembler à une plainte ou à un reproche, une nuit comme celle-là, mais malgré elle ses paroles et sa voix déploraient également leur éloignement et leur solitude.

Son mari devinant ses regrets, et touché lui aussi par la ferveur du soir sacré, il commença à s'accuser lui-même.

— C'est bien vrai, Laura, que tu aurais fait une vie plus heureuse avec un autre homme que moi, qui serait resté sur une belle terre, près des villages.

— Non, Samuel, le bon Dieu fait bien tout ce qu'il fait. Je me lamente... Comme de raison je me lamente. Qui est-ce qui ne se lamente pas? Mais nous n'avons pas été bien malheureux jamais, tous les deux; nous avons vécu sans trop pâtir; les garçons sont de bons garçons, vaillants, et qui nous rapportent quasiment tout ce qu'ils gagnent, et Maria est une bonne fille aussi...

Ils s'attendrissaient tous les deux en se rappelant le passé, et aussi en songeant aux cierges qui brûlaient déjà, et aux chants qui allaient s'élever bientôt, célébrant partout la naissance du Sauveur. La vie avait toujours été une et simple pour eux: le dur travail nécessaire, le bon accord entre époux, la soumission aux lois de la nature et de l'Eglise. Toutes ces choses s'étaient fondues dans la même trame, les rites du culte et les détails de l'existence journalière tressés ensemble, de sorte qu'ils eussent été incapables de séparer l'exaltation religieuse qui les possédait d'avec leur tendresse inexprimée.

La petite Alma-Rose entendit qu'on distribuait des louanges et vint chercher sa part.

— *Moi aussi j'ai été bonne fille, eh! "son" père?*

— *Comme de raison... comme de raison. Ce serait un gros péché d'être haïssable le jour où le petit Jésus est né.*

Pour les enfants, Jésus de Nazareth était toujours "le petit Jésus", l'enfantelet bouclé des images pieuses; et en vérité pour les parents aussi, c'était cela que son nom représentait le plus souvent. Non pas le Christ douloureux et profond du protestantisme, mais quelqu'un de plus familier et de moins grand: un nouveau-né dans les bras de sa mère, ou tout au plus un très petit enfant qu'on pouvait aimer sans grand effort d'esprit et même sans songer à son sacrifice futur.

— *As-tu envie de te faire bercer?*

— *Oui.*

Il prit la petite fille sur ses genoux et commença à se balancer d'avant en arrière.

— *Et va-t-on chanter aussi?*

— *Oui.*

— *C'est correct; chante avec moi:*

> *Dans son étable,*
> *Que Jésus est charmant!*
> *Qu'il est aimable*
> *Dans son abaissement...*

Il avait commencé à demi-voix pour ne pas couvrir l'autre voix grêle, mais bientôt la ferveur l'emporta et il chanta de toute sa force, les yeux au loin. Télesphore vint s'asseoir près de lui et le regarda avec adoration. Pour ces enfants élevés dans une maison solitaire, sans autres compagnons que leurs parents, Samuel Chapdelaine incarnait toute la sagesse et toute la puissance du monde, et comme il était avec eux doux et patient, toujours prêt à les prendre sur ses genoux et à chanter pour eux les cantiques ou les innombrables chansons naïves d'autrefois qu'il leur apprenait l'une après l'autre, ils l'aimaient d'une affection singulière.

> *...Tous les palais des rois*
> *N'ont rien de comparable*
> *Aux beautés que je vois*
> *Dans cette étable.*

— *Encore? C'est correct.*

Cette fois la mère Chapdelaine et Tit'Bé chantèrent aussi. Maria ne put s'empêcher d'interrompre quelques instants ses prières pour regarder et écouter; mais les paroles du cantique redoublèrent son zèle et elle reprit bientôt sa tâche avec une foi plus ardente. "Je vous salue, Marie, pleine de grâce..."

— *Et maintenant? Une autre chanson: laquelle?*

Sans attendre une réponse il entonna:

Le temps des Fêtes

Trois gros navires sont arrivés,
Chargés d'avoine, chargés de blé,
Nous irons sur l'eau nous y prom-promener,
Nous irons jouer dans l'île...
— *Non, pas celle-là... Claire fontaine? Ah! c'est beau ça! Nous*
allons tous chanter ensemble.
Il jeta un regard vers Maria; mais voyant le chapelet qui glissait
sans fin entre ses doigts il s'abstint de l'interrompre.

A la claire fontaine
M'en allant promener,
J'ai trouvé l'eau si belle
Que je m'y suis baigné...
Il y a longtemps que je t'aime
Jamais je ne t'oublierai...

L'air et les paroles également touchantes, le refrain plein d'une
tristesse naïve, il n'y a pas que des coeurs simples que cette
chanson-là ait attendris.

...Sur la plus haute branche,
Le rossignol chantait.
Chante, rossignol, chante,
Toi qui as le coeur gai...
Il y a longtemps que je t'aime,
Jamais je ne t'oublierai...

Les grains du chapelet ne glissaient plus entre les doigts
allongés. Maria ne chanta pas avec les autres; mais elle écouta, et
la complainte de mélancolique amour parut émouvante et douce à
son coeur un peu lassé de prière.

...Tu as le coeur à rire,
Moi je l'ai à pleurer.
J'ai perdu ma maîtresse,
Pour lui avoir mal parlé...
Pour un bouquet de roses
Que je lui refusai.
Il y a longtemps que je t'aime,
Jamais je ne t'oublierai...

Maria regardait par la fenêtre les champs blancs que cerclait le
bois solennel; la ferveur religieuse, la montée de son amour
adolescent, le son remuant des voix familières se fondaient dans
son coeur en une seule émotion. En vérité, le monde était tout
plein d'amour ce soir-là, d'amour profane et d'amour sacré, égale-
ment simples et forts, envisagés tous deux comme des choses
naturelles et nécessaires; ils étaient tout mêlés l'un à l'autre, de sor-
te que les prières qui appelaient la bienveillance de la divinité sur
des êtres chers n'étaient guère que des moyens de manifester
l'amour humain, et que les naïves complaintes amoureuses étaient
chantées avec la voix grave et solennelle et l'air d'extase des
invocations surhumaines.

Messe de minuit

...Je voudrais que la rose
Fût encore au rosier,
Et que le rosier même
A la mer fût jeté.
Il y a longtemps que je t'aime,
Jamais je ne t'oublierai...
"Je vous salue, Marie, pleine de grâce..."

La chanson finie, Maria avait machinalement repris ses prières
avec une ferveur renouvelée, et de nouveau les Ave s'égrenèrent.

La petite Alma-Rose, endormie sur les genoux de son père, fut
déshabillée et portée dans son lit; Télesphore la suivit; bientôt
Tit'Bé à son tour s'étira, puis remplit le poêle de bouleau vert; le
père Chapdelaine fit un dernier voyage à l'étable et rentra en
courant disant que le froid augmentait. Tous furent couchés
bientôt, sauf Maria.

— Tu n'oublieras pas d'éteindre la lampe?

— Non, "son" père.

Elle l'éteignit de suite, préférant l'ombre, et revint s'asseoir près
de la fenêtre et récita ses derniers Ave. Quand elle eut terminé, un
scrupule lui vint et une crainte de s'ête trompée dans leur nombre,
parce qu'elle n'avait pas toujours pu compter sur les grains de son
chapelet. par prudence elle en dit encore cinquante et s'arrêta
alors, comme si elle venait de recevoir une promesse solennelle.

Au dehors le monde était tout baigné de lumière, enveloppé de
cette splendeur froide qui s'étend la nuit sur les pays de neige
quand le ciel est clair et que la lune brille. L'intérieur de la maison
était obscur, et il semblait que ce fussent la campagne et le bois qui
s'illuminaient pour la venue de l'heure sacrée.

"Les mille Ave sont dits, songea Maria, mais je n'ai pas encore
demandé de faveur... pas avec des mots."

Il lui avait semblé que ce ne serait peut-être pas nécessaire; que
la divinité comprendrait sans qu'il fût besoin d'un voeu formulé
par les lèvres, surtout Marie... qui avait été femme sur cette terre.
Mais au dernier moment son coeur simple conçut des craintes, et
elle chercha à exprimer en paroles ce qu'elle voulait demander.

François Paradis... Assurément son souhait se rapportait à
François Paradis. Vous l'aviez deviné, Marie, pleine de grâce?
Que pouvait-elle énoncer de ses désirs sans profanation? Qu'il
n'ait pas de misère dans le bois... Qu'il tienne ses promesses et
abandonne de sacrer et de boire... Qu'il revienne au printemps...

Qu'il revienne au printemps... Elle s'arrête là, parce qu'il lui
semble que lorsqu'il sera revenu, ayant tenu ses promesses, le reste
de leur bonheur qui vient sera quelque chose qu'ils pourront
accomplir presque seuls... presque seuls... A moins que ce ne soit
un sacrilège de penser ainsi...

Qu'il revienne au printemps... Songeant à ce retour, à lui, à son
beau visage brûlé de soleil qui se penchera vers le sien, Maria

oublie tout le reste, et regarde longtemps sans les voir le sol couvert de neige que la lumière de la lune rend pareil à une grande plaque de quelque substance miraculeuse, un peu de nacre et presque d'ivoire, et les clôtures noires, et la lisière proche des bois redoutables.

Le Monde Illustré, 22 décembre 1900.

Grand-mère, qui en a vu bien d'autres, attend avec les trop jeunes, le retour de ceux qui sont partis à la messe de minuit.

Réveillon

Après la messe, au retour à la maison, la table est mise pour le petit réveillon en famille: il est plus ou moins copieux selon la fortune de chacun, plus ou moins joyeux aussi selon le nombre de convives autour de la table... et plus ou moins marqué d'étiquette selon le rang social des participants.

E.J. Massicotte, Nos Canadiens d'autrefois,
Granger, Montréal, 1923.

L'Opinion Publique, 22 décembre 1881.

Trois quelquefois quatre générations se retrouvent autour de la table du réveillon: l'on sort de la tablette du haut la vaisselle des "grands jours".

Le Monde Illustré, 18 janvier 1898.

Dans les modestes maisons des familles de colons, il faudrait l'intervention des anges pour que le réveillon puisse être copieux et la table bien garnie.

LE RÉVEILLON DE NOEL D'UN CÉLIBATAIRE

Le Monde Illustré, 26 décembre 1885.

L'attrait des villes éloigne les gens de leur famille: le célibataire réveillonne alors avec ses chiens et chats.

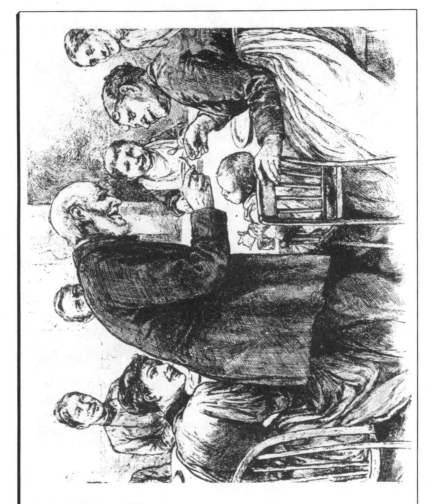

Le Samedi, 27 décembre 1890.

Faire un souhait en brisant un os de volaille est une vieille coutume.

La Presse, 20 décembre 1930.

Une jolie habitante des "quartiers fashionables" de Montréal décore sa fenêtre d'une couronne. Dans les années trente, la mode de décorer les sapins à l'extérieur est déjà commencée.

Le Samedi

VOL. I. NO. 28.   MONTREAL, 21 DECEMBRE 1889.   Le Numero, 5 Cts
Par Annee, $2.50

NOËL

MINUIT, CHRETIENS:

Le Samedi, 21 décembre 1889.

La vieille horloge sonnera encore une fois le minuit chrétien.

Vol. 18, No 12   LA REVUE POPULAIRE   Montréal, décembre 1925

Le Menu d'un Réveillon de Noël canadien

CRETONS

Mode de préparation: Enlever la peau de la panne, puis couper la panne en petits morceaux: sel (pas d'eau). Faire cuire sur un feu doux jusqu'à ce qu'elle soit croustillante, passer au tamis. Laisser refroidir les résidus puis les hacher au moulin. Hacher du maigre de porc, le faire cuire avec un oignon par pinte de viande hachée. Pendant la cuisson ajouter les résidus de panne, sel, poivre, feuilles de laurier, deux tiers de maigre de porc pour un tiers de panne ou résidu. Laisser mijoter deux heures; déposer dans des moules rincées à l'eau froide.

RAGOUT DE BOULETTES DE PORC FRAIS

Ingrédients: 2 à 3 livres porc, sel, poivre, fines herbes, graisse, 1 oignon, farine, 1 pinte eau chaude.

Mode de préparation: Hacher la viande au moulin, y ajouter l'oignon haché fin, le sel et le poivre. Façonner en boulettes, les passer dans la farine; faire chauffer la graisse, y faire saisir les boulettes, ajouter l'eau chaude, laisser mijoter lentement jusqu'à parfaite cuisson.

TOURTIERES

Ingrédients: Douze à quinze livres de porc frais, quatre à cinq oignons. Un peu d'eau. Assaisonnements.

Mode de préparation: Hacher la viande, faire cuire dans un chaudron, avec sel, poivre, oignon haché fin. Mettre très peu d'eau, afin que la viande ne se défasse pas. Brasser presque continuellement pendant la première partie de la cuisson. Après parfaite cuisson de la viande déposer la préparation dans une pâte brisée en procédant comme pour les tartes.

PETITS PATES DE PORC FRAIS

Ingrédients: (a) Restes de porc frais, 1 c. à table graisse de rôti, sel, poivre, fines herbes. 1 oignon, restes de sauce ou de bouillon, 4 tasses de farine.

(b) 4 tasses de farine, 1½ c. à thé de sel, 2 cuillerées à thé de poudre à pâte, 1 tasse de graisse, 3 tasses eau froide.

Mode de préparation: (a) Hacher les restes de viande, faire revenir l'oignon dans la graisse, ajouter la viande, le sel, le poivre et les fines herbes. Mouiller d'un peu de bouillon ou de sauce pour obtenir un hachis délicat, mais pas trop clair.

(b) Préparer une pâte brisée et procéder comme pour les tartelettes.

BOUDIN

Ingrédients: 1 pinte de sang, 1 livre oignons, épices mêlées, moulues, fines herbes au goût, 1 chopine de lait, 1 livre de panne ou gras de lard.

NOTE.—La première chose à faire, lorsque l'on fait tuer un porc, c'est de recueillir le sang, qui a une grande valeur pour la confection du boudin. On le recueille dans une poêle dans laquelle on a mis un peu de vinaigre et de sel, afin de l'empêcher de se coaguler; aussitôt recueilli, le couler.

Mode de préparation: Hacher l'oignon fin, mettre cuire au feu doux, avec un quart de livre de saindoux, l'ajouter au lait et au sang, la panne ou le gras coupés en petit dés; assaisonner de sel, poivre, fines herbes, épices moulues. Amalgamer le tout; introduire cette préparation dans les boyaux ou la verser dans une lèchefrite; faire cuire au bain-marie pendant une heure et demie à deux heures. Laisser refroidir, couper par tranches épaisses, faire rôtir dans une poêle avec du saindoux.

Beignets.—Deux œufs bien battus, une tasse de sucre, une tasse de lait, 4 tasses de farine, 2 cuillerées à thé de poudre à pâte, cuillerées à thé de sel.

Biscuits à la mélasse.—Une tasse de mélasse, 2 cuillerées à soupe de lait chaud, 1 cuillerée à thé de gingembre, une demi-tasse de poudre à pâte et assez de farine pour faire une pâte molle.

La Revue Populaire, décembre 1925.

Le Monde Illustré, 4 janvier 1902.

Le Monde Illustré, 4 janvier 1902.

Table dressée pour un grand dîner. Argenterie International Silver 1847. Wm. Rogers & Son. Modèle Jacobin.

LE GRAND DÎNER DES FÊTES

LINGE DE TABLE : — La nappe en usage pour le dîner d'apparat peut être en dentelle, mais une nappe blanche en toile damassée convient tout aussi bien. Bien entendu, les serviettes seront assorties à la nappe. Pliées en rectangle, elles se placent à l'extrême gauche de l'assiette, le pli vers cette assiette, tel que reproduit ci-dessus. La serviette n'est jamais posée sur l'assiette de service. On ne doit pas se servir de linge de table orné d'ourlet à jour : cela est tout à fait contre les règles.

SURTOUT : — Un surtout ou un bol à roses en argent forme une très attrayante garniture pour le milieu de la table. On y dispose des fleurs naturelles, jamais de fleurs artificielles. Le grand dîner autorise l'usage d'un surtout plus élaboré que pour d'autres circonstances, pourvu qu'il ne soit pas trop haut et qu'il n'empêche pas les convives de se voir les uns les autres.

POIVRIÈRES ET SALIÈRES : — Il faut une poivrière et une salière par deux convives, placées de façon qu'elles leur soient également accessibles, sans obligation pour eux de les demander. Si vous disposez de poivrières et de salières individuelles, n'hésitez pas à les mettre sur la table : elles sont fort appréciées à cause de leur commodité.

CHANDELIERS : — Quatre flambeaux ragots (bas) ou deux candélabres produisent un surtout d'un très bel effet. L'usage interdit l'emploi de chandelles à décor fantaisiste. Même les chandelles colorées ne sont pas strictement de règle sur la table d'un grand dîner, à moins que durant la sai-son des fêtes, on ne veuille donner une couleur uniforme à tout l'ensemble des décors. La maîtresse de maison soumise aux lois de l'étiquette ne fait usage que de chandelles ivoire, qui sont toujours en harmonie avec le surtout, quelles que soient les couleurs des fleurs naturelles qui l'ornent. Les longues chandelles supportées par des flambeaux ragots (bas) sont d'un attrait indiscutable.

COUPES ET PETITS PLATS À AMANDES : — Les petits plats à amandes, individuels, se mettent en avant de l'assiette, vis-à-vis le milieu, et les coupes à chaque bout de la table. Il en faut au moins deux. Si le nombre des invités le réclame, la table est longue, et il n'y a pas alors trop de quatre coupes et même davantage.

ASSIETTES DE SERVICE : — Elles peuvent être en porcelaine ou en argent et il n'est pas obligatoire qu'elles soient appareillées au reste de la porcelaine ou de l'orfèvrerie. Les assiettes à service sont placées à un pouce du bord de la table. Elles sont déjà sur la table à l'entrée des invités et ne sont enlevées qu'au moment de servir la pièce de résistance.

VERRERIE : — Les gobelets seront, à discrétion, en argent, en cristal ou en verre. Il n'en faut pas plus de trois par convive. Le gobelet à eau est mis à droite, en avant des couteaux. Si le service comporte du vin ou un cocktail, les verres sont posés à la droite du gobelet à eau, formant angle avec lui.

La Revue Populaire, décembre 1935.

Réveillon

Peu à peu, nos vieilles coutumes de Noël changèrent: au lieu de rester une fête religieuse dominée par le mystère chrétien de la nativité et un repos en famille, Noël est devenu l'occasion de réjouissances sociales plus larges et commercialisées; le réveillon pouvait alors se faire entre "étrangers" et se tenir dans un lieu public comme un grand hôtel par exemple, les petits appartements urbains ne pouvant recevoir "la parenté" comme les grandes maisons campagnardes.

La Presse, 23 décembre 1944.

Les nouveaux produits commerciaux cherchent par une publicité adéquate à s'incruster dans les traditions de Noël.

*Les célébrations
sortent
des familles et
deviennent des
réjouissances
publiques.*

Le Samedi, 22 décembre 1945.

Même le menu traditionnel subit l'influence des "progrès technologiques" qui laissent à maman plus de temps pour consommer.

145

Santa Claus
Père Noël

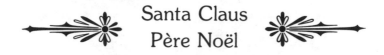

Le personnage principal de ce nouveau rituel de Noël est le Santa Claus / Père Noël: il s'implante dans les dernières décennies du XIXe siècle, alors que son image varie beaucoup, de même que les moyens de locomotion qu'il utilise pour apporter ses cadeaux: en voici un petit échantillon.

Le Monde Illustré, 27 décembre 1884.

Le Père Noël de style européen qui rappelle Bacchus.

Le Samedi, 20 décembre 1890.

Chez le Père Noël, tous les figurants de Noël se préparent à entrer en scène.

SANTA CLAUS EN HERBE!

Le Monde Illustré, 11 janvier 1902.

Quel enfant n'a pas rêvé d'être lui-même le Père Noël?

Canadian Illustrated News, 27 décembre 1879.

Dans ce décor de château, un Père Noël en chausses est impatiemment attendu.

LE SAMEDI

PHOTOGRAPHIE AU VOL

Santa Claus. — Au revoir ! A l'année prochaine !

Le Samedi, 3 janvier 1891.

"Santa Claus" voyageant dans son traîneau volant.

La Presse, 8 décembre 1910.

Le Père Noël doit suivre le progrès: aussi en 1910 il arrive par train à la gare, pour sa célèbre "procession".

L'Opinion Publique, 23 décembre 1880.

Un moment de repos: le Père Noël servi par de bonnes fées diligentes.

Le Samedi, 3 janvier 1891.

Le Samedi, 3 janvier 1891.

Le courrier est le moyen par excellence pour communiquer avec le Père Noël, quand on est un "enfant sage" évidemment.

Santa Claus Père Noël

Le Samedi, 27 décembre 1890.

Avec le temps, on vient à pouvoir parler au Père Noël au téléphone et l'entendre à la radio.

Le Samedi, 18 décembre 1943.

Scène classique d'un matin de Noël autour de 1940.

L'identité du Père Noël lui-même fluctue quelque peu à l'intérieur de toutes ses représentations: le fournisseur de cadeaux est quelquefois le "Petit-Jésus", mais de plus en plus, c'est le "Père Noël" qui domine l'imaginaire qui entoure les étrennes.

Canadian Illustrated News, 21 décembre 1878

Les étrennes font d'abord partie de la légende de Saint-Nicolas.

Le Samedi, 3 janvier 1891.

En vieillissant, les enfants découvriront le travail véritable de "Santa Claus".

Tommo. — Je la connais si bien ma géographie, moi ! Tu vois quand le bonhomme Noël n'a rien à faire, il se retire au Pôle Noël pour ne pas être *bôté*. Quelques jours avant Noël il prend ce chemin là ; Tiens, tu vois ? là. Puis il s'en va à l'église Notre-Dame demander ses ordres au petit Jésus à la Messe de Minuit ; et il nous apportera pour le Jour de l'An tout ce que le petit Jésus lui aura dit.

Le Samedi, 27 décembre 1890.

Ensuite, c'est le Père Noël qui distribue les cadeaux mais en suivant les ordres reçus du petit Jésus.

Le Samedi, 27 décembre 1890.

Dans l'imaginaire enfantin, c'est de plus en plus le "Santa Claus" anglais qui s'impose.

Les Etrennes

Les étrennes suivent aussi l'industrialisation et les progrès du commerce: ce sont les grands magasins qui suggèrent aux gens de tout âge le "cadeau idéal", et ce, dès la fin du XIXe siècle.

Jadis, nous l'avons vu, les étrennes s'offraient au jour de l'an, en même temps que les souhaits pour l'année nouvelle, mais sous l'influence de la mode anglaise, c'est de plus en plus durant la nuit ou le jour de Noël que prit place la cérémonie des cadeaux.

Le poète, dans un élan de ferveur religieuse écrit:

"Le père, à son travail, depuis un mois médite:
C'est décembre, bientôt viendra le Jour de l'An,
Or que donner au cher petit, à la petite
En retour des baisers cueillis sur leur front blanc...

Un choix d'étrennes, c'est parfois un peu troublant:
Le coeur riche choisit: pauvre, la bourse hésite.

Un soir, le père accourt, tout heureux, à son gîte:
L'achat est fait. C'est neuf, gentil, étincelant.

Pour que, ce matin-là, la surprise soit pleine
Discrète, la maman cache avec soin l'étrenne
— Le mystère est si doux à toute affection! —

Le jour venu: "Que voulez-vous que je vous donne,
"A toi, mon petit Paul, à toi, ma chère Yvonne?"
"— Père, avant les jouets, ta bénédiction!"

Arthur Lacasse, ptre. (10)

Tous les enfants n'étaient peut-être pas aussi "exemplaires", les adultes non plus, tous prêtant une oreille attentive aux nombreuses suggestions des journaux.

La Presse, 15 décembre 1906.

Quelques suggestions de cadeaux que l'on pouvait se procurer chez Dupuis.

LE CADEAU RÊVÉ

Vous ne pouvez rien offrir de plus beau ni
de plus utile qu'une fourrure.

Notre choix de manteaux et de parures est
incomparable et nos prix sont raisonnables.

Chas Desjardins & Cie, Limitée
130, Rue St-Denis
Montréal

La Revue Moderne, 15 décembre 1920.

Et le sommet du cadeau vestimentaire féminin est, il va de soi, la fourrure.

LES MODES DE NOEL. Toilettes d'intérieur

Album universel, 27 décembre 1902.

La mode féminine constitue depuis longtemps une source de cadeaux.

Album universel, 27 décembre 1902.

Quel meilleur présent?

peut-on trouver pour le Nouvel An QU'UN véritable

Gram-o-Phone Berliner

... ou ...

Machine Parlante Victor

Album universel, 30 décembre 1905.

Pourquoi ne pas donner à vos enfants ou amis quelque chose qui, tout en les amusant TOUJOURS, amuserait en toute saison et n'importe où, CHAQUE membre de la famille — jeune ou vieux.

Nos instruments, tous ceux qui les ont entendus l'admettent, sont les meilleurs producteurs de sons du monde. Ils parlent un parler RÉEL, chantent de RÉELLES chansons et jouent de la musique RÉELLE. Par eux, on peut entendre les plus grands chanteurs, musiciens, orchestres et corps de musique.

La technique moderne offre toute la gamme de ses nouvelles inventions.

Voici Vraiment un Cadeau !

La Canadienne, décembre 1920.

La cadeau utile se répand, pour combler les désirs des "épouses, mères et soeurs".

Pour Noël

un

Ford

Voyez le dépositaire auto- : Facilités de Paiement si
risé dans votre localité : : : vous le désirez :: :: ::

La Revue Moderne, décembre 1925.

L'automobile aussi fait son entrée dans le décor de Noël.

Pour préserver les souvenirs de
Noel et du jour-de l'an, Un Kodak

Canadian Kodak Co., Limited, Toronto, Canada

La Canadienne, décembre 1921.

Le Samedi, 10 janvier 1891.

Pour la jeune fille bien de l'époque, l'anneau de fiançailles constitue le cadeau par excellence.

Le Samedi, 28 décembre 1889.

Et le couronnement de l'année est de recevoir aux fêtes sa demande en mariage.

Album universel, 23 décembre 1905.

Les enfants qui ont un foyer peuvent adresser au Père Noël leurs dernières recommandations.

Le Monde Illustré, 26 décembre 1896.

Dans ce rêve idéaliste, nous retrouvons le thème des anges apportant eux-mêmes des cadeaux aux moins riches.

Les Etrennes de
Noël

Dans l'air froid du soir, lorsque minuit tinte
Au-dessus de nous son doux carillon,
Quittant radieux sa céleste enceinte
Après avoir fait joyeux réveillon,
Bon papa Noël traverse l'espace
Sur un char conduit par des Séraphins.
Les astres émus, à Noël qui passe,
Chantent tour à tour leurs plus beaux refrains!

> *Noël, conserve-moi les feux*
> *Dont, la Nuit, j'éclaire la Terre.*
> *—Chante une étoile solitaire—*
> *En poudrant d'argent mes cheveux!*

Et lorsqu'il atteint le but du voyage,
Bon papa Noël caresse des doigts
Son immense barbe et fait le triage
Des divins cadeaux au-dessus des toits!
Chaque Séraphin s'envole en tournée,
Tandis que Noël écoute joyeux
Un chant plein d'amour, douce mélopée
Qui part de la terre et meurt dans les cieux!

Ensuite on perçoit le concert des Choses.
Des champs dénudés, des gazons jaunis,
Des cloches d'airain, fines virtuoses
Sonnant le réveil aux bois endormis!
Et de douces voix soudain font entendre
En ce chœur terrestre un timbre joyeux:
C'est un chant naïf, un appel très tendre,
Qui s'envole et plane en le sein des cieux!

> *Pour étrennes! Envoyez-nous*
> *Des fillettes, chantent les roses!*
> *Donnez-nous de beaux garçons roses.*
> *O bon Noël, disent les chœurs!*

Vic. FABER.

La Revue Populaire, décembre 1908.

Le Monde Illustré, 28 décembre 1901.

GLORIA IN EXCELSIS DEO!

Roses de Noël

Lorsqu'est venu l'hiver des ans, que tout proclame
Le déclin de la vie et que nos doigts glacés
Mesurent en tremblant la trop fragile trame
Où blanchissent les fils dont nos jours sont tissés,

Parfois un souvenir des bonheurs effacés,
Le rire d'un enfant, le profil d'une femme,
Sous les cendres du cœur ravivent une flamme,
Claire comme un rayon de nos printemps passés.

Ainsi, quand, dans le bois, le jardin, la prairie,
Toute source de sève, au sol, semble tarie;
Quand le soleil boudeur délaisse nos climats,

Frêle comme un enfant à la bouche fleurie,
Douce comme un regard de la Vierge Marie.
La rose de Noël éclôt sous les frimas.

EDMOND FRANK.

Noël! ô grande Nuit!

Noël! ô grande Nuit! Nuit de la sainte Étable!
La Vierge a son enfant, et d'un cœur résigné,
Dans la crèche, il faut bien, met son cher nou-
    veau-né.
Que réchauffent le bœuf et l'âne, secourables.

Bethléem! Voix du ciel! Vision ineffable!
Annonçant: "Gloire et Paix" aux bergers étonnés,
O candide concours de pasteurs prosternés
Devant l'humble Sauveur sous ce toit misérable!

Dieu naissant sous César, sur la paille, transi,
Tu fais fi des palais pour nous apprendre ainsi
L'exquise humilité, le rien de la richesse;

Tu te fais tout petit pour t'approcher de nous;
Et Ta bonté nous aide à nous mettre à genoux,
Et l'on vient humblement adorer Ta faiblesse.

1920. ALBERT FERLAND.

La Divine Pauvreté

Bergers, voici l'Étoile et la Nuit annoncées!
Hâtez-vous, humbles cœurs, pauvres gens, vers Celui
Qui s'est au dénûment le plus triste réduit
Pour que vos peines soient par la sienne effacées!

Dans la bise vos mains tremblantes sont gercées,
Endolories, vos pieds battent le sol qui luit,
Sous vos haillons l'hiver glacial s'introduit,
Par l'aiguillon du froid vos chairs sont trans-
    percées...

Doux bergers, qui croyez sans égal votre sort
Obscur et miséreux, vous ignorez encor
Le suprême degré de l'humaine détresse!

Regardez: a-t-on vu pareille pauvreté?
Un Dieu petit enfant qu'un souffle chaud caresse,
Qui grelotte, et n'a rien sur lui que sa beauté...

ALBERT LOZEAU.

Noël! Noël!

Lorsque, dans le lointain, les cloches de l'église
Sèmeront, par la nuit, leur joyeux carillon,
Je m'en irai vers toi, tel un blanc papillon,
Dans le flocon neigeux qui rafraîchit la brise.

Si le givre alourdit le rameau d'église,
Si la neige, jolie, a durci le sillon,
Présage de bonheur, je me ferai grillon
Pour charmer ton foyer, malgré la froide brise.

Ou bien j'irai cueillir, au fond du firmament,
L'étoile qui scintille, et son reflet charmant
Caressera ton front, à l'heure du mystère.

Si des nuages lourds obscurcissent le ciel,
Je serai lucide ou rose de Noël
Pour égayer, ce soir, ton logis solitaire.

(L'Année Poétique) ANTONIA LAROCHE.

La Revue Moderne, 15 décembre 1920.

Les étrennes

Les cadeaux au pied de l'arbre de Noël devinrent donc une scène habituelle, chez les anglophones et les classes aisées, puis chez une grande majorité de Québécois; et si Noël se veut un moment de bonheur et de joie, au sein de cette consommation naissante, se glisse le remords causé par l'impossibilité dans laquelle plusieurs familles se trouvent de combler les désirs des enfants. C'est là le thème de quantité de contes de Noël que l'on pourrait tous sous-titrer "Le Noël du pauvre": voici un extrait d'un de ces contes: "Jeannette" de Louis Fréchette:

Aux approches de Noël, fête si impatiemment attendue par les petits enfants, la conversation entre parents et bébés roule assez naturellement sur les cadeaux dont cette fête est presque toujours le signal dans les familles à l'aise.

C'était là une des grandes préoccupations de Jeannette.

Or, l'avant-veille de la fête, comme le dîner de famille tirait à sa fin, elle devint tout à coup pensive.

Et, après un moment de réflexion, pendant lequel la courbe harmonieuse de ses sourcils s'était légèrement froncée sous l'effort d'une idée confuse, elle s'écria brusquement:

— Dis, papa, c'est le Petit-Jésus ou bien Santa Claus qui descend dans les cheminées pour mettre des cadeaux dans les souliers des enfants qui ont été sages?

— Pourquoi me demandes-tu cela?

— Dame, il y en a qui disent que c'est Santa Claus, et d'autres qui disent que c'est le Petit-Jésus.

— Ils viennent tous les deux, mignonne; chacun son tour... chacun son année.

— Et cette année, c'est le tour...?

— Au Petit-Jésus.

Et comme l'enfant lançait une exclamation de joie en battant des mains:

— Tu es contente? ajouta le père.

— Oh! oui!

— Tu aimes mieux le Petit-Jésus que Santa Claus?

— Bien sûr!

— Pourquoi donc?

— Parce que...

Et Jeannette mit le bout de son doigt dans sa bouche avec une petite moue délicieusement mécontente.

— Pourquoi, dis! insista le père; Santa Claus t'a apporté de beaux jouets l'an passé.

— Oui.

— Avec une belle grosse poupée.

— Oui.

— Alors pourquoi ne l'aimes-tu pas?

— *C'est que... il n'est pas bon pour tout le monde.*

— *Il n'est pas bon pour tout le monde?*

— *Non, il n'aime pas les petits enfants pauvres; il ne leur donne rien.*

— *Es-tu sûre de ce que tu dis là? Santa Claus ne donne rien aux petits enfants pauvres?*

— *Oui, Rosina me l'a dit.*

— *Qui ça, Rosina?*

— *La petite fille à la blanchisseuse. Je lui ai demandé si elle mettrait ses souliers dans la cheminée demain soir. Elle m'a répondu qu'elle les avait mis l'année dernière, mais qu'elle n'avait rien trouvé dedans, bien qu'elle eût été très sage. Sa mère dit que Santa Claus ne va jamais que chez les gens riches. Mais puisque c'est le Petit-Jésus qui passe cette année, je vais dire à Rosina d'essayer encore une fois. Le Petit-Jésus doit aimer les pauvres gens comme les autres, lui, puisqu'il a été pauvre lui-même.*

— *Mais es-tu certaine qu'il ira?*

Jeannette resta quelque peu interloquée; mais après un instant de méditation.

— *Oui, répondit-elle, il ira! Je vais le prier fort, fort, et bien sûr qu'il ne me refusera point.*

Une heure après, douillettement enveloppée dans sa robe de nuit toute blanche et toute fraîche, son menton rose appuyé sur ses deux mains pieusement jointes, et les genoux enfoncés dans les longs poils soyeux de sa descente de lit en peau de lama, Jeannette pria comme un petit ange du bon Dieu qu'elle était; puis, pendant que la maman lui donnait le baiser du soir et bordait chaudement les couvertures de la couchette, le nom de Rosina passa comme un souffle sur les lèvres de l'enfant endormie.

Oh! les beaux rêves de l'innocence qui dort!

Quel poète dira jamais les visions mystérieuses, les musiques célestes, les bercements d'élyséenne poésie qui font sourire ces petites têtes blondes ou brunes, aux yeux fermés, à moitié enfouies dans le duvet des chauds oreillers blancs!

Ne sont-elles pas le vague ressouvenir des enchantements divins que ces doux anges ont quittés pour venir ici-bas nous consoler de vieillir?...

Quand le soleil du matin vint teinter de rose la fenêtre de la chambre où elle dormait, Jeannette se leva toute songeuse.

Les dernières paroles de son père "es-tu bien certaine qu'il ira?" lui revenaient à la mémoire, et l'enfant commençait à ne plus être aussi sûre de l'efficacité de sa prière.

— *Il pourrait bien ne pas y aller tout de même! se disait-elle.*

Et cette supposition l'attristait jusqu'aux larmes.

— *Qu'as-tu donc ce matin, ma Jeannette? fit le papa; tu n'es pas aussi gaie que d'habitude. Tu ne songes donc point que c'est ce soir la nuit de Noël, et que demain matin, puisque tu as été sage, tes petits souliers, et même tes petits bas peut-être, regorgeront de jolies choses?*

Jeannette sourit, mais elle resta pensive.

— Papa, fit-elle tout à coup ravisée, si je savais écrire... Mais je ne sait que signer mon nom.

— Que ferais-tu, si tu savais écrire?

— J'écrirais une lettre.

— A qui?

— Au Petit-Jésus, donc!

— Eh bien, ma chérie, dis-mois ce que tu veux lui dire, au Petit-Jésus; j'écrirai pour toi, et tu signeras.

— Vrai?

— Tout de suite, si tu veux.

— Et ce sera la même chose?

— Exactement la même chose.

— Oh! cher bon petit papa!...

Et la fillette sauta au cou du petit papa, lequel un instant après, était assis à son pupitre, écrivant la lettre suivante dictée mot pour mot par son enfant gâtée:

Cher Petit-Jésus.

C'est demain ta fête de Noël, et comme j'ai été bien sage, je mets, comme les autres petits enfants, mes souliers dans la cheminée à papa. mais je ne veux pas de cadeaux: donne-moi seulement ton portrait. Les cadeaux tu les porteras à Rosina qui est sage, elle aussi, mais dont la mère est veuve et pauvre. Quant à moi, papa et maman me donneront des étrennes au jour de l'an...

Ici Jeannette sursauta.

Une grosse larme, semblable à celle qui l'avait éveillée un jour en tombant sur sa petite main malade, venait de mouiller le papier où les doigts fébriles du papa avaient peine à suivre les lignes du transparent.

— Pourquoi que tu pleures? dit-elle en passant son bras potelé autour du cou de son père, et en le regardant tendrement dans les yeux.

Celui-ci, trop ému pour répondre, prit son enfant dans ses bras, la pressa violemment contre sa poitrine, l'enveloppa d'une immense caresse folle, et, longtemps, longtemps, longtemps, contempla jalousement son trésor à travers les pleurs de bonheur et d'amour qui lui emplissaient les paupières.

Quand la petite eut griffonné son nom au bas de sa touchante lettre au Petit-Jésus, il se leva, marchant de long en large durant quelques instants pour se remettre; puis, le dos tourné, il s'arrêta devant la fenêtre de son cabinet, le regard plongé dans l'azur éclatant du beau ciel de décembre; et la maman qui entrait — tendrement aimée, elle aussi — l'entendit murmurer:

— Pourvu que le bon Dieu ne nous l'enlève pas!...

Le temps des Fêtes

Le soir arrivé, la naïve missive, soigneusement adressée, reposait dans le petit soulier glissé derrière les chenets; et Jeannette, comme la veille, après avoir fait sa prière, s'endormait doucement dans ses dentelles blanches pour rêver du Petit-Jésus, des anges et du paradis.

Non loin de là, dans un autre logis, bien humble et bien dénudé, dès les premières lueurs de l'aurore, une petite pauvresse — qui accompagnait quelquefois sa mère lorsque celle-ci apportait du linge chez les parents de Jeannette — la petite Rosina, si chaudement recommandée dans la lettre au Petit-Jésus, avait une grande suprise et une grande joie.

Elle apportait, toute rayonnante, au lit de sa mère une poupée rose et blonde en grande toilette.

Ses vieux souliers tout éculés avaient disparu pour faire place dans le coin de la cheminée à de chaudes et élégantes bottines toutes neuves, au fond de chacune desquelles reluisait une pièce d'or.

Inutile de dire que, sur recommandation toute spéciale de la mère, la première visite de l'enfant fut pour Jeannette.

— Moi, fit celle-ci, je n'ai pas eu de poupée, ni de bottines neuves, ni de pièce d'or, mais j'ai eu plus que tout cela. Le Petit-Jésus m'a donné son portrait, tiens!

Et elle courut chercher une jolie chromolithographie très brillamment festonnée d'arabesques dorées, représentant l'Enfant divin dans sa crèche, et portant au dos ces mots écrits en ronde superbe:

"A ma chère Jeannette, avec les compliments du Petit-Jésus."

— Ça vient de lui?

— Oui, je l'ai trouvé dans mon soulier.

— Oh! qu'il est beau! fit Rosina enthousiasmée.

— N'est-ce pas, qu'il est beau! appuya Jeannette.

— Et comme il écrit bien!

— Oui, il écrit comme Marius.

Par parenthèse, Marius était le valet de chambre, un brave garçon au talent calligraphique de qui le papa avait souvent recours, quand il avait quelque écriture soignée à faire exécuter.

Non, Jeannette n'eut pas d'autres cadeaux de Noël, cette année-là; mais elle ne perdit rien pour attendre, car le papa et la maman prirent royalement leur revanche au jour des étrennes.

Jeannette a maintenant dix-neuf ans. C'est une belle grande brunette qui a fait son début dans le monde au dernier bal de la Sainte-Catherine, et qui chérit toujours son père comme autrefois.

Tout dernièrement, elle ouvrait un gracieux coffret en présence d'une de ses amies.

— Tiens, lui dit-elle, voici une image que je conserve depuis l'âge de quatre ans.

Les étrennes

— *Vraiment! oh, le bel Enfant-Jésus!*
— *N'est-ce pas?*
— *Pourquoi n'exposes-tu pas ce petit bijou avec tes autres bibelots?*
— *Ah! c'est que... vois-tu... répondit la jeune fille en hésitant, je ne sais pas pourquoi, mais chaque fois que père le regarde, on dirait que ça lui donne envie de pleurer.*

Canadian Illustrated News, 21 décembre 1878.

Le bonheur d'une famille chez laquelle les étrennes à développer sont nombreuses.

Album universel, 3 janvier 1903.

Album universel, 3 janvier 1903.

Noël est l'occasion de rappeler que le bonheur ne se distribue pas toujours dans toutes les classes sociales.

Canadian Illustrated News, 25 décembre 1869.

Les célébrations et les grands bals ne sont pas accessibles à tous, plusieurs se contentent des merveilles en vitrine.

Canadian Illustrated News, 25 décembre 1869.

En haut: le bonheur des riches comblés. En bas: le contentement que provoquent quelques étrennes dans un milieu moins favorisé.

Canadian Illustrated News, 24 décembre 1870.

Pour plusieurs, la pluie d'étrennes n'est qu'un rêve où tintent les cloches de Notre-Dame.

Les étrennes

L'Opinion Publique, 1 janvier 1880.

Le temps des Fêtes

Pour venir en aide aux démunis, durant la période de Noël, plusieurs associations charitables organisèrent des collectes et des soirées de réveillon à l'intention, comme on disait "des enfants pauvres et des petits miséreux".

Voici une description tirée des **Chroniques du lundi de Françoise** *(19 décembre 1892)* dont le thème est précisément les fêtes peu heureuses des enfants défavorisés:

Dimanche prochain, la Noël, puis, le jour de l'an.

Deux grandes fêtes inséparables qui arrivent en se donnant la main. Avec les Rois, elles forment une trinité de réjouissances qui se trouvent toutes résumées dans cette appellation: les fêtes.

C'est un grand mot à la campagne. Longtemps à l'avance on en parle, et, mariages, noces et réunions sont renvoyés à cet heureux temps.

— Quand viendrez-vous nous voir? demande-t-on.

— Aux fêtes, est-il répondu.

Pour faire tel achat, donner tel festin, étrenner une toilette, on attend aux fêtes. Aux fêtes! toujours aux fêtes!

A la ville, on y met un peu moins d'enthousiasme. On appelle bien ça "les fêtes" aussi, mais plutôt parce que l'usage en a consacré l'expression que parce qu'elles mettent au coeur une joie spécialement exubérante.

Aussi, pour être franc, c'est le jour de l'an qui met son ombre au tableau. Les visites sont détestables, on redoute l'instant où il faudra secouer la main de tant de monde, formuler une infinité de souhaits dont aucun ne sera inédit, dire un tas d'affabilités que l'on répudie tout bas dans son for intérieur, en se donnant les plus dures épithètes.

D'aucuns passeraient encore par-dessus ces désagréments, s'il ne fallait pas à tout cela ajouter l'inconvénient plus grave encore de donner des étrennes. Ce n'est pas la moindre considération, quand on réfléchit que les présents de Noël et du jour de l'an se font, maintenant, avec une richesse et une profusion qui doivent faire brèche à la bourse des donataires.

Ainsi, soit qu'il nous afflige en nous forçant à dire nos adieux à l'année qui s'en va, soit qu'il ramène plus particulièrement le souvenir de ceux qui ne sont plus, soit à cause de tous les salamalecs qu'il impose, le jour de l'an est une cause d'ennui pour beaucoup de gens.

Il n'y a guère que les enfants qui le voient approcher avec une joie sans mélange.

Encore ne faut-il pas dire: tous les enfants.

Combien à qui Santa Claus ou le Petit-Jésus n'iront pas faire visite et ne laisseront derrière eux aucun jouet, aucune friandise pour égayer un peu la tristesse de leur sombre réduit.

Les étrennes

De ce temps-ci, les vitrines rivalisent de magnificence. Tous les marchands, depuis les grands magasins jusqu'aux échoppes d'un sou, ajoutent à profusion des articles nouveaux à leurs étalages. On veut attirer les regards, exciter les convoitises, allécher la clientèle, et rarement on manque son coup.

Mais, il y a une foule qu'on attire comme les autres, dont on excite les convoitises, sans profit, cependant, pour les exposants, et chez laquelle le spectacle de ces richesses ne laisse qu'une grande douleur au coeur.

A la Compagnie générale des Bazars, on a fait un déploiement plus qu'ordinaire de joujoux pour enfants.

Rien ne manque, depuis le petit soldat, fusil au bras, jusqu'à l'élégant trousseau de la gentille poupée.

Si vous voyiez chaque jour, comme je le vois, le nombre d'enfants qui, le nez collé sur la vitrine, examinent avec avidité ces merveilles si cruellement, ce semble, exposées devant eux, vous n'auriez pas envie de sourire, je vous assure, de leurs petites mines chagrines et toutes chiffonnées.

Ils sont là, à double rang souvent, repaissant leurs yeux de toutes ces belles choses qu'ils osent à peine rêver de posséder. Pourtant, le plus minime de ces jouets, ce polichinelle de cinq sous, les rendrait si heureux!

C'est alors, quand les bonheurs se vendent à si bon marché, qu'on regrette de ne pouvoir puiser largement dans une bourse bien garnie.

Il y a aussi des enfants à l'intérieur, mais ils sont accompagnés de leur riche maman et viennent choisir leurs cadeaux.

Dans un de ces magasins où j'entrai la semaine dernière pour acheter, moi aussi, de modestes étrennes, une troupe de marmots bouleversait, remuait partout, très excitée. Un garçonnet entre autres, de sept à huit ans, furetait sur toutes les tables pour choisir lui-même ses étrennes.

D'abord, il aurait voulu tout avoir, ceci, cela, encore cette autre chose. A la fin, il se fixa sur une chèvre d'immenses proportions et dont le mécanisme ingénieux en haussait la valeur jusqu'à soixante dollars.

Naturellement, la mère, ayant encore une foule d'emplettes à faire, hésitait avant d'acheter un objet aussi dispendieux; l'enfant suppliait sa maman, elle-même très ennuyée et bien embarrassée.

Presque tous ces petits bonhommes et ces petites bonnes femmes ont dû sortir, ou lassés, ou mécontents, ou désappointés.

Ces jouets qu'on leur donne n'auront même pas le mérite de la nouveauté. Ils regretteront souvent telle ou telle autre chose, et, le jour de l'an n'aura plus cet air de fête que nos enfantines imaginations lui prêtaient autrefois.

Il me semble que la bonne vieille coutume vaut mieux: celle qui nous faisait coucher le soir avec cette délicieuse attente de ce qui

191

devait nous arriver pendant la nuit. Les rêves qui agitaient notre sommeil étaient couleur de rose, cette nuit-là; de bien bonne **heure, le lendemain, nous étions éveillés et commencions** *l'inspection de nos étrennes.*

O les joyeuses surprises, ô les ravissantes extases que nous avions alors! Rien que d'y penser, j'en ai l'âme tout émue. Je ne sais pourquoi on prive les enfants de ces douces jouissances.

Il en est que les rigueurs du sort traitent plus rudement encore. Ce sont ceux-là qui m'intéressent par-dessus tout et qui ont droit **aux sympathies.**

Ça devrait être une de nos préoccupations que de rendre l'enfance heureuse. Tant de misères l'attendent dans la vie, qu'au moins, on devrait illuminer de quelques rayons de soleil les jours qui précèdent les luttes.

A cet âge, il est bien dur de souffrir déjà, et qui peut dire tout ce que le coeur d'un enfant renferme de tristesse?

"Si j'étais grande dame" comme dans la chanson, je ferais en sorte que chaque mère de famille eût quelque chose à mettre dans le bas de son petit à la veille de Noël. Pas tant de présents utiles, mais des bonbons, des jolis riens qui vont plus sûrement au coeur des enfants, et leur font plus de plaisir que tout le reste. C'est leur fête, fêtons-la comme on l'aime à cet âge.

Tous les grands magasins donneraient volontiers, je n'en doute pas, à un comité de dames qui voulût bien s'en charger, les jouets un peu défraîchis des années précédentes, ceux que les mains capricieuses ont maniés, puis jetés de côté, les livres d'images trop feuilletés qui ne plaisent plus à la clientèle élégante, pour être distribués parmi ces pauvres déshérités.

Quel beau jour de l'an ce serait pour tout le monde: pour les bienfaiteurs comme pour les petits protégés! (12)

En 1894, le journal **La Presse** écrit:

L'oeuvre des étrennes aux enfants pauvres. — Jouets et bonbons lui arrivent de tous côtés. Précieuses adhésions.

Comme La Presse l'a expliqué en soumettant pour la première fois son projet au public, l'Oeuvre des Etrennes aux Enfants Pauvres doit se faire sans distinction de nationalité. C'est dans cet esprit que nous nous sommes adressés aux sociétés les plus aptes par leurs fonctions journalières à nous éclairer sur ce point capital de l'oeuvre: la liste des familles les plus indigentes à Montréal... Inutile après cela de dire aux lecteurs que ce n'est pas La Presse qui dresse la liste des familles indigentes et des enfants pauvres: ces listes sont préparées par les sociétés de secours, anglaises ou françaises, et déterminent seules la distribution des étrennes. (13)

Quant à l'arbre qui est le décor coutumier de ce nouveau rituel des étrennes, une maison sur la rive sud, près de Sorel serait celle

Le PETIT PAUVRE ignore la raison de sa misère:
il a faim, il souffre, il pleure.

A l'occasion de la NOËL,
donnons généreusement pour le soulagement des enfants pauvres.

L'HOMME PAUVRE l'est souvent par sa faute.

RICHE ! le travailleur veut l'imiter et il l'observe.

Donne lui toujours l'exemple du travail, de la sobriété et de L'ÉCONOMIE

Plus heureux toi-même, tu seras la raison du Bonheur dans bien d'autres foyers.

LA BANQUE d'ÉPARGNE
de la Cité et du District de Montréal.
LA GRANDE BANQUE DES TRAVAILLEURS.

Bureau Principal et seize
succursales à Montréal.

A. P. LESPÉRANCE
Gérant-général.

La Revue Moderne, 15 décembre 1921.

Une banque expose à l'occasion de Noël sa conception du rapport entre riches et pauvres.

où le premier arbre de Noël du Québec aurait été installé: on peut y lire cette plaque:

1781
Dans cette maison, le 25 décembre 1781, fut illuminé un arbre de Noël à la tradition allemande par le Général Von Riedesel. Cet arbre de Noël est le premier du genre enregistré au Canada.

La coutume du sapin de Noël nous aurait donc été amenée par un général allemand, venu au Québec pour aider les Anglais à lutter contre l'indépendance des Américains.

En Angleterre, le mari de la Reine Victoria, le prince Albert, adopta lui aussi cette tradition empruntée aux Allemands, d'illuminer avec des bougies un arbre de Noël.

Voici, selon la **Revue Populaire** de décembre 1929, l'histoire de l'arbre en question:

L'arbre de Noël nous vient d'Alsace

Les Canadiens qui firent l'occupation rhénane, après la guerre, se souviennent de leur Noël d'Allemagne de 1918, en tout pareil à ceux de leur pays. C'est qu'en Allemagne, la fête de Noël n'est imaginables qu'avec le sapin de Noël tout chargé de lumières et de brimborions. C'est à l'Alsace que l'Allemand emprunta l'arbre de Noël; c'est aussi à l'Alsace que nous le devons. D'où vient cette très ancienne coutume? Nous en empruntons l'histoire à un ouvrage de Camille Schneider, écrivain français d'origine alsacienne.

Lorsqu'au moyen âge, pour les "Jeux du Paradis" qui furent exécutés pour la première fois en Alsace le long du Rhin, on avait besoin d'un arbre pour symboliser l'arbre du Paradis (ces jeux se faisaient le jour d'Adam et d'Eve, c'est-à-dire le 24 décembre), on prit un arbre occasionnellement vert et on y attacha des pommes, d'où encore l'usage d'attacher des pommes à l'arbre de Noël. Pour avoir un arbre qui soit toujours vert, même quand l'été de la Saint-Martin n'en avait pas fait fleurir, on prit le sapin, symbole de l'espérance et de la fidélité constantes.

Les Jeux du Paradis étant donc exécutés vers le solstice d'hiver, la mythologie y mettait son reste, et la forme de l'Arbre et l'usage même trouvent de très intéressantes variantes dans le folklore d'Alsace, mais leur histoire nous mènerait trop loin. Remarquons que les lumières sur l'arbre se trouvent pour la première fois dans un poème français du XIIIe siècle, de Durmars le Gallois. L'Arbre, qui n'est pas encore un arbre de Noël, y porte des lumières, leurs flammes dirigées vers le haut (les hommes vertueux, d'après l'explication que le Pape donne au Parcival), d'autres dirigent leurs flammes vers le bas (les "méchants").

Touchons en passant à une autre coutume, celle de donner une verge aux enfants méchants. Au moment du réveil de la nature on

194

cherchait des sarments de noisetiers ou des branches de bouleau pour les mettre en vase et leur donner des bourgeons. Les bouquets ainsi fleuris étaient des cadeaux que les jeunes gens offraient aux jeunes filles superstitieuses. Bientôt ces bouquets présentaient la forme de verges et d'un autre côté on les offrait avec des rubans et des fleurs artificielles; encore plus tard on offrira des branches de sapin ou même un petit arbre. C'est donc lentement et par petites étapes que la coutume du sapin de Noël devient telle qu'elle se présente aujourd'hui.

* *

Nous trouvons un véritable arbre de Noël pour la première fois dans la littérature à Strasbourg dans les notes d'un auteur inconnu (en 1605), ensuite un prédicateur à la Cathédrale et professeur de l'Université de Strasbourg, proteste contre les "mauvaises habitudes d'attacher des poupées, des pommes et des lumières à un sapin". L'introduction complète de l'arbre dans la littérature est attachée au nom de Goethe. Il a appris à connaître cette poétique coutume lors de son séjour à Strasbourg, et dans une lettre, à Noël 1772, adressée à Lotte, il lui écrit qu'il lui envoie un arbre de Noël, etc. Dès maintenant la littérature s'empare de l'arbre et on remarquera que ce dernier perd de sa poésie populaire.

A Paris, l'arbre de Noël fut introduit pour la première fois par la célèbre Liselotte de Palatinat, marquise d'Orléans, épouse du frère de Louis XIV, en 1682. Mais nous n'en trouvons des traces que dans la correspondance. L'Arbre est introduit dans les Tuileries par la comtesse Hélène d'Orléans, dès lors la littérature française lui est ouverte. C'est à la fin du XVIIIe siècle que l'arbre de Noël a commencé sa conquête, et aujourd'hui nous le voyons en possession de tous les continents. Relativement jeune, cette coutume s'est répandue avec une rapidité sans égale dans l'histoire des coutumes populaires.

Aujourd'hui dans tous les pays cette lumière quasi mystique traverse une nuit mystique. L'idée de l'Arbre même avec son symbole de fidélité s'est adaptée aux différents milieux. Cette idée a même complètement disparu par la transformation de la forme et il ne reste plus que la poétique coutume avec son éclat mystique. Mais l'histoire nous montre dans maints autres exemples comment la forme a survécu à l'idée. (14)

Une fois l'arbre de Noël coupé et installé dans la maison, il fallait songer à sa décoration:

Le sapin vert fleurant bon la forêt ne coûte pas cher et, avec un peu d'ingéniosité, on peut aussi le décorer à peu de frais.

Voyons un peu ensemble comment on pourra en faire quelque

La Presse, 19 décembre 1931.

La cueillette des arbres de Noël à la campagne.

Le Samedi, 22 décembre 1945.

Un Noël heureux de l'après-guerre.

chose de gai à l'oeil et d'amusant pour la jeunesse à laquelle il est destiné.

Sur l'arbre, on doit multiplier le clinquant: à l'extrémité de chaque branche il faudra un objet brillant, boule de verre, clochette, étoile en maillechort, anneaux et guirlandes en fils métalliques reliant les branches les unes aux autres, faisant comme du givre scintillant, parmi les branches vertes du sapin sombre. C'est vers le centre qu'on groupe les objets lourds et ternes. Pour décorer à bon compte notre arbre verdoyant, nous aurons la ressource des noix, des moules, des coquillages de toute espèce, recouverts de papier métallique de chocolat et attachés aux branches par des fils de laiton. Pour bien fixer les divers objets, il faut employer le fil de laiton, recourbé en crochets à ses deux extrémités, l'extrémité supérieure pour le suspendre à la branche, et le crochet inférieur pour y attacher l'objet. On évite ainsi les complications de noeuds, l'attache est solide et cependant permet de décrocher rapidement le jouet.

Les bonbons entourés de papier métallique font un heureux effet, à bon marché, car on peut les préparer soi-même à la maison; de même qu'on peut préparer soi-même les papillotes avec du papier frangé de nuances variées...

Les oranges, les pommes sont attachées par des rubans en croix. Pour illuminer tous ces objets brillants, il faut répandre à profusion les mignonnes bougies, ou mieux les petites ampoules électriques; on les choisit de nuances vives: bleu, vert, rose, jaune, et on les répartit aux extrémités des branches, où on les fixe à l'aide d'une petite pince en bois ou en métal. On peut aussi les coller avec un peu de bougie fondue. On les place de façon que la flamme ne puisse mettre le feu ni au sapin, ni aux objets inflammables. (15)

La physionomie des fêtes de Noël reflète aussi, comme auparavant, l'actualité: l'exemple le plus frappant au XIXe siècle est celui des années de guerre: les images de ces Noëls ne peuvent faire abstraction des événements et plusieurs évoquent la vie de soldat isolé loin des siens. Roger Francoeur en 1914 imagine ce "Noël rouge":

Chaque année, le mois de décembre amène avec lui un cortège de joies familiales dans les plus modestes demeures comme dans les plus somptueux palais.

Et puis c'est le mois des agapes noéliques qui réunissent autour des vieux parents les jeunes générations: on échange des souhaits, on forme des projets, on parle avec satisfaction des succès obtenus et avec courage des efforts à faire. On trouve par-dessus tout une réconfortante impression faite de calme et de confiance.

Hélas! dans combien de familles, le Noël de 1914 différera de celui des années précédentes!

198

Les étrennes

Que de places vides qui ne seront plus jamais occupées! Pendant que les vieux parents lisent fiévreusement les nouvelles de la ligne de bataille, pendant que les épouses prient avec ardeur pour le retour de leur compagnon, ceux-là dont les places sont vides dorment peut-être déjà de leur dernier sommeil sous la terre glacée de la matière...

D'autres que la mitraille a encore épargnés subissent l'âpre morsure de la brise dans les tranchées ou sous les abris hâtivement construits. Dans l'engourdissement causé par le froid, leur pensée se détache de ce qui les environne et s'envole, bien loin, vers ceux qui pensent continuellement à eux; ils revoient en souvenir la maison quittée depuis plusieurs mois, la ville animée ou le village aux moeurs patriarcales. Il leur semble entendre dans le lointain, le bourdonnement confus des cloches appelant les fidèles à la messe de minuit...

Tout à coup un appel vibre dans l'air... Arrachés brusquement à leur rêve, les soldats sont rappelés à la réalité par une série de commandements brefs... L'ennemi a tenté une surprise heureusement déjouée. Les lebels crépitent, les mitrailleuses hurlent leur chant de mort puis tout ce vacarme cesse subitement; un ordre: "A la baïonnette!" et, sous la froide clarté de la lune, les longues aiguilles d'acier scintillent, dessinent une ligne mouvante qui bondit en avant, elles crissent dans les chairs humaines et ressortent rouges de sang...

Et là-bas, bien loin, dans le village déserté, les cloches de Noël pleurent ceux qui ne les entendront plus jamais. (16)

La veille de Noël

OÙ SERAIT NOËL SANS ENFANTS ? Oui, même si le petit est en réalité un gaillard de six pieds de taille et qui aura vingt-deux ans à son prochain anniversaire ou même s'il est devenu un soldat rompu au métier de la guerre, avec toute une liste de campagnes dont il est sorti glorieux, et peut-être encore une ou deux autres qui l'attendent.

Pour Papa et Maman, en cette veille de Noël, il demeure ce petit gars aux grands yeux qui se glissait hors de son lit et venait reluquer par l'entrebâillement de la porte dans l'espérance d'apercevoir le Père Noël. Ah, le petit malin... il aurait bien voulu surprendre le Père Noël en train de remplir son bas... ou encore apprendre par quel moyen magique il parvenait, avec son énorme ventre, à descendre par la cheminée. Et le lendemain matin, oubliant tout cela dans la joie du jour, c'est lui qui parcourait la maison en faisant le plus de tapage possible avec son tambour neuf ou en chantant des hymnes de Noël de sa voix la plus puissante. Mais cela se passait il y a bien longtemps.

Nous revoilà à la veille de Noël. "Je penserai bien à vous, papa et maman," écrit-il. "J'ai peine à croire que ce sera le cinquième Noël que je passerai loin de vous. Je pense que l'arbre de Noël est superbe et je vous dis ici les cannes de bonbon multicolores et la neige artificielle. Conserver tout cela pour l'an prochain et nous fêterons Noël ensemble."

Maman ne peut déchiffrer l'écriture sans peine. Papa semble avoir besoin de meilleures lunettes, lui aussi. Mais lorsqu'ils contemplent le portrait de leur gars, à la vue de son sourire si gai et de ses larges épaules rassurantes, ils se disent que la tâche qu'il accomplit est entre bonnes mains... et que l'Esprit de Noël va continuer de régner et de grandir par tout l'univers.

Noël de guerre, c'est aussi la lettre du fils soldat parti au front.

Les étrennes

La Presse, 30 décembre 1944

Surprise de l'épouse qui, le matin du jour de l'An, accueille son mari en congé pour quelques heures.

L'idéal pour lequel nous combattons

La liberté pour tous et pour chacun d'adorer
Dieu dans son église

Le Samedi, 19 décembre 1942.

Voici une explication pour le moins bizarre des raisons pour lesquelles se fait la seconde guerre mondiale.

Noël ensemble . . . Prenez un Coke

. . . la bienvenue à un homme qui revient de la guerre

Le meilleur de tous les moments. Enfin chez lui . . . avec sa femme, son enfant et sa famille. Noël est dans l'air et l'arbre est bien illuminé. Tous les rêves d'une vie se réalisent en un seul moment. Un moment de vie familiale vraiment canadienne, où la phrase familière *Prenez un Coke* vient ajouter la note finale et rafraîchissante. Le Coca-Cola convient dans un moment bienvenu, comme celui-ci, de tendresses et de joies familiales. C'est pourquoi on le trouve dans les foyers, grands et petits, de tout le pays . . . la boisson qui augmente la joie de vivre. Un moment de bonheur fournit l'occasion de songer au Coke . . . et à la coutume agréable . . . *la pause qui rafraîchit.*

Le Samedi, 22 décembre 1945.

L'après-guerre et les nouvelles formes de bonheur familial.

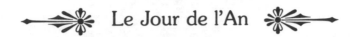 # Le Jour de l'An

La fin d'une année et le commencement d'une autre, peu importe le calendrier en vigueur et la civilisation particulière, sont presque toujours marqués par un rituel spécial et des réjouissances appropriées: ce moment est à la fois celui des bilans et celui des projets d'avenir, celui où l'on s'arrête pour réfléchir sur le passage continu du "Temps".

L'écoulement des années est souvent représenté par le personnage du vieux "Père Temps" qui symbolise l'année qui se termine et doit faire place à la nouvelle jeune année.

Le Monde Illustré, 29 décembre 1894.

Le temps présentant la nouvelle année 1895, alors qu'en bas à droite, la vieille année s'enfuit.

Le Monde Illustré, 3 janvier 1831.

Passé, présent et avenir se remplacent au rythme du passage du temps.

LE TEMPS

L'Opinion Publique, 6 janvier 1881.

La faux et le sablier sont les attributs traditionnels du temps.

BENEDICTION.

Canadian Illustrated News, 31 décembre 1881.

La nouvelle année, tel un soleil, se lève sur le Canada de 1882.

Canadian Illustrated News, 1 janvier 1876.

L'année passée s'en va en fumée, une autre s'allume pleine d'espoirs.

Le Monde Illustré, 31 décembre 1886.

Le temps appelle au son des cloches les mois de la nouvelle année.

Canadian Illustrated News, 29 décembre 1877.

Mosaïque des scènes habituelles du jour de l'An: au centre, le temps chassant l'an révolu.

1889. — LA DÉBUTANTE

Le Monde Illustré, 29 décembre 1888.

Le temps présentant la nouvelle année comme une débutante sur la scène du grand théâtre de la vie.

Le Samedi, 3 janvier 1891.

1890 s'en va en rampant; la nouvelle année arrive en toboggan.

D'autres fois, cette symbolique classique est remplacée par des représentations plus "modernes", comme celles-ci.

Le Monde Illustré, 30 décembre 1893.

La course des années représentée ici comme une compétition de vélos au stade.

Le Monde Illustré, 5 janvier 1901.

Image stylisée où l'on retrouve sous forme moderne les éléments traditionnels.

La Presse, 27 décembre 1930.

Une jeune bourgeoise médite sur l'avenir qui s'ouvre devant elle.

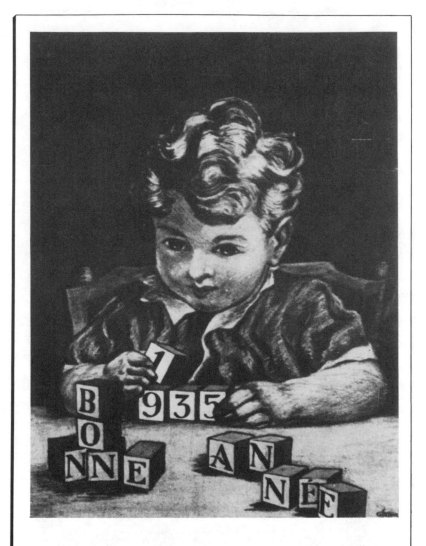

La Presse, 29 décembre 1934.

Le temps: un jeu de blocs dont on ne contrôle pas entièrement la logique.

Le Samedi, 2 janvier 1943.

Durant les années de guerre, la symbolique prend figure de caricature militaire.

Le jour de l'an a inspiré quantité d'écrits à nos littérateurs et d'illustrations à nos dessinateurs.

Durant tout le XIXe siècle et dans la première moitié du XXe, il était très fréquent de trouver dans les journaux, des poèmes et des "couplets" dits du jour de l'an, offerts aux lecteurs.

Voici quelques exemples qui illustrent bien cette rhétorique de circonstance:

1799:   *Aujourd'hui sans rancune,*
        L'on va se visiter
        Et suivant la coutume
        Maints baisers de se donner.
        Eh! mais, oui-da.
        Comment trouver du mal à ça!

        Un ami, pour vous plaire,
        Vous fait mille souhaits,
        Qui, quoique très sincères,
        N'arrivent jamais...
        Eh! mais, oui-da,
        Comment trouver du mal à ça!

        Si, pour payer mes peines,
        Un lecteur généreux
        Par de bonnes étrennes,
        Veut couronner mes voeux
        Eh! mais, oui-da
        Comment trouver du mal à ça! (17)

L'on trouve aussi des poèmes qui, sur le ton ironique, énumèrent une série de souhaits à différentes personnalités ou catégories de citoyens:

Aux magistrats, l'intégrité
Aux fous plaideurs, la patience
Aux auteurs, plus de modestie
Aux gazetiers, moins de mensonge
Aux grands, beaucoup moins de fierté
Aux débiteurs, un doux repos
Aux créanciers, moins de rudesse
Aux avares, plus de largesse (18)

D'autres couplets du jour de l'an ont une saveur nettement plus politique, comme celui-ci, publié par Etienne Parent et qui raille ceux qu'on appelait les "Chouayens", à savoir les Canadiens français qui s'identifiaient à la cause et aux intérêts des Anglais:

Le jour de l'an

LE CHOUAYEN

C'qui m'plaît dans la politique
    C'est les changements,
C'est pour ça que j'aim'la Clique
    Et ses arrang'ments.
Si chacun la laissait faire,
    A son opinion,
Ça irait sans commentaire
    Avec son Union.

D'abord, viendrait l'ordonnance
    D'fair'tout en anglais;
On s'déf'rait par c'tt'observance
    De tous les Français.
Par ma foi qu'ça s'rait commode
    Pour nos bons Chouayens,
Qui aim'raient si fort la mode
    D'n'être plus Canadiens!

Et puis nos biens, et puis nos terres,
    Et puis nos contrats,
Et puis nos droits et puis nos douaires,
    Tout tomb'rait à bas,
V'là jug's, avocats, notaires,
    Au bout d'leu'latin...
Il n'y aurait qu'les honoraires.
    Qui iraient leur train!

Les aînés de nos familles
    Emport'raient tout l'bien;
Les cadets, garçons et filles,
    Pour eux n'auraient rien,
L'aîné, dev'nu gros compère,
    Roulerait gros train;
L'cadet, comme en Angleterre,
    Parfois mourrait d'faim.

Oui, c'est c'qui pourrait bien faire
    Pour ceux du commun,
Mais ceux au-d'sus du vulgaire
    N'vivront pas à jeun.
Ils feront la propagande
    Pour nous anglifier;
Nous n'aurons comme en Irlande
    Qu'un' dime à payer!

Le temps des Fêtes

Puis, pour ceux qui de la Bible
  N'aim'ront pas l'métier,
Pour eux il n'est possible
  D'vivre en roturier;
Il faudra bien que la Province
  Leur fass' des r'venus,
Et les bons sujets du Prince
  Paieront un peu plus!

Si l'Canadien rest'tranquille,
  Tout'ces bell's chos's-là
S'en viendront tout à la file
  Qu'ça s'ra beau d'voir ça!
Mais j'parierais cent pistoles
  Qu'y'aura du train;
Qu'y'aura bien des paroles,
  Et aut'chose' p't-êtr'bien!

La Clique est si pacifique
  Qu'elle n'y tiendrait pas.
Elle a quitté l'Amérique
  A cause du tracas.
  Le Yankee d'humeur revêche,
  Parlant de fair'feu.
Ell' vint ici, comme une flèche
  Reprendre son jeu.

J'crains qu'ici ma chèr' Clique
  N'pass' pas long séjour,
Et qu'sa bell' politique
  N'vire mal un jour.
Si le Canadien l'emporte,
  Ma foi l'y'a du sort:
La Clique vient par la porte
  Par laquelle ell' sort!   *(19)*

Il y a aussi le poème édifiant comme celui-ci de A.B. Routhier publié dans la **Revue Canadienne**, sous le titre de : "Le premier de l'an 1869; scène de famille":

La nuit pliait au loin son écharpe étoilée:
A travers les rideaux l'aurore souriait,
Et sous les feux du jour le givre flamboyait
Comme une plaque d'or richement ciselée.
Sur les ailes du temps qui toujours s'enfuyait,
Une nouvelle année apparaissait encore,
Radieuse d'espoir, belle comme l'aurore!

Sous son oreiller blanc relevée à demi,
Angéline criait à son frère endormi:

222

Le jour de l'an

"*Lève-toi, petit frère, écoute-moi, Jean-Charles,*
Cesse enfin de dormir, je veux que tu me parles:
J'ai trouvé dans mon bas un cornet de bonbons,
Et sous ma couverture une blonde poupée;
Je voudrais bien savoir qui m'a fait ces beaux dons.

JEAN-CHARLES

Et moi... regarde un peu... un fusil, une épée!
Ah! comme je vais faire un beau petit soldat!
Je veux être zouave et courir au combat!
Contre ses ennemis défendre le Saint-Père!
Papa me l'avait dit: lorsque tu seras grand
Tu pourras t'enrôler sous la Sainte Bannière
Je suis grand maintenant...

ANGÉLINE

Allons, mon vétéran,
Calme un peu tes transports; pour entrer dans l'armée
Il faut avoir atteint la taille des papas.
Mais dis-moi donc enfin quelle main bien-aimée
Nous a fait ces présents.

JEAN-CHARLES

Ah tu ne sais donc pas?
Notre bonne m'a dit qu'une fée attentive
Pendant notre sommeil viendrait nous visiter,
Et que si nous avions sû les bien mériter,
Les présents tomberaient de sa main fugitive.

ANGÉLINE

Et tu crois cette histoire?

JEAN-CHARLES

Eh! non, je n'en crois rien;
Je pense que la fée affectueuse et tendre,
Qui par ses beaux présents a voulu nous surprendre,
N'est autre que maman qui nous veut tant de bien.

ANGÉLINE

C'est aussi mon idée. Oh! comme je regrette
Que notre petit frère, hélas! nous ait laissés!
Il aurait tant joui de cette belle fête!

JEAN-CHARLES

Que dis-tu là, ma soeur? Les enfants trépassés
Sont plus heureux que nous: ils deviennent des anges,
Et les fêtes du ciel valent bien nos plaisirs!
Aucun de nos bonheurs n'excite leurs désirs:
Ils sont avec Jésus et chantent ses louanges

223

Le temps des Fêtes

Gustave dans le ciel parle bien autrement:
Il ne voudrait jamais revenir sur la terre,
Et s'il n'avait pitié de notre bonne mère,
Il viendrait, j'en suis sûr, nous chercher promptement.
Et nous partagerions son bonheur indicible!

ANGÉLINE

Notre mère veut bien que nous soyons heureux?

JEAN-CHARLES

Notre bonheur, sans doute, est l'objet de ses voeux;
Mais quand il faut briser cette chaîne invisible,
Qui l'unit pour la vie au coeur de ses enfants,
C'est son âme qu'on brise, et son coeur qu'on déchire,
Et ce serait, ma soeur, au prix de son martyre
Que nous deviendrions des anges triomphants.
Tu sais combien maman a répandu de larmes,
Quand le petit Gustave a fermé ses beaux yeux?

ANGÉLINE

Puisqu'il en est ainsi, qu'elle soit sans larme,
Moi, je ne veux pas être un ange dans les cieux.

JEAN-CHARLES

Soyons anges sur terre, et le bon Dieu lui-même
Serait content de nous.

ANGÉLINE

                        Et maman qui nous aime
Aura bien du bonheur. Mais dis-moi donc encor,
Toi qui sembles si bien pénétrer le mystère,
Comment notre Gustave a pu quitter la terre.
Est-il monté là-haut dans une échelle d'or?

JEAN-CHARLES

Eh! non, chère Angéline, il n'y a pas d'échelles
Qui montent de la terre aux célestes parvis;
Mais, comme les oiseaux, les anges ont des ailes,
Et lorsqu'à nos parents la mort nous a ravis,
Nous prenons notre vol comme des hirondelles,
Et nous nous envolons dans les bras de Jésus.

ANGÉLINE

Ce qui m'afflige, moi, c'est qu'on ne revoit plus
Ces enfants envolés ainsi que des mésanges.
Mais, dans le ciel, dis-moi, que font-ils les saint anges?
Est-ce qu'on parle au ciel?

Le jour de l'an

JEAN-CHARLES

                                    Mais oui, petite soeur,
S'y l'on n'y parlait pas, va, les petites filles
N'y tiendraient pas longtemps; et si leurs voix gentilles
N'y pouvait pas chanter et résonner en choeur,
Les célestes concerts seraient moins beaux peut-être...

ANGÉLINE

Il est vrai que sans nous, pauvres petits garçons,
Vous ne pourriez jamais dignement apparaître:
Partout à vos côtés il faut que nous posions,
Nous sommes le tableau, vous en êtes les ombres,
Et si nous ne prenions le soin d'être avec vous,
Ici-bas comme au ciel, les tableaux seraient sombres.
Mais trêve de malice, et dis-moi: comme nous,
Les anges dans le ciel sont-ils toujours ensemble?
Jésus leur donne-t-il des jouets amusants?
Est-ce que dans les prés le plaisir les rassemble
Et qu'ils vont s'y livrer à des jeux innocents?

N'éprouvent-ils jamais une douleur amère,
En se ressouvenant (de ces jours) où leur mère
Déposait sur leurs fronts des baisers amoureux?
Car il me semble à moi qu'on ne peut être heureux
Sans avoir sa maman. Eh! vois donc ma poupée;
C'est moi qui suis sa mère, et je te promets bien
Que je vais la gâter sans qu'elle en sache rien.
Tu n'apprendras jamais que ma main l'a tapée;
Je saurai sans rigueur l'élever dignement.

JEAN-CHARLES

Je crois que tu feras une mère modèle.
Mais il faudrait fermer ta bouche maternelle
Si tu voulais, ma soeur, permettre seulement
Que je réponde un mot aux questions que tu poses.
Dans le saint Paradis je ne suis pas allé:
Il est inaccessible et les portes sont closes;
Mais lorsque mon Gustave au ciel s'est envolé,
Notre papa m'a dit de consolantes choses:
"Ton frère, me dit-il en essuyant mes pleurs,
Va retrouver là-haut des frères et des soeurs
La mère de Jésus remplacera sa mère,
Et jamais un amour, plus tendre et plus sincère,
N'aura brûlé pour lui dans le coeur maternel.
Il unira sa voix aux célestes cantiques,
Et des bouquets, formés par ses mains angéliques,

Répandront leurs parfums aux pieds de l'Eternel!
Le coeur toujours rempli d'une sainte allégresse,
Rien ne troublera plus sa joie et ses plaisirs;
Du bonheur le plus pur il goûtera l'ivresse,
Et l'amour de Jésus comblera ses désirs."..........

ANGÉLINE

Papa m'a dit aussi que des fleurs magnifiques
Croissaient abondamment dans les jardins du ciel,
Et que de longs ruisseaux de lait pur et de miel
Serpentaient à travers ces parterres féeriques.

ANGÉLINE ET JEAN-CHARLES

Oh! Que c'est beau, le ciel! Et que je voudrais bien,
Sur les ailes de feu de mon ange gardien,
M'envoler aussi, moi, dans la sainte patrie!

....
....

La mère dans son lit avait tout entendu:
Elle jeta sur eux son regard éperdu,
Et s'écria: "Mon fils, et toi, ma fille chérie,
"Restez auprès de moi, restez, je vous en prie;
"Vous êtes mon espoir, vous êtes mon bonheur:
"Ne parlez plus ainsi, car vous me faites peur."   (20)

Le jour de l'an est aussi l'occasion de textes en prose, de réflexions et de méditations plus ou moins mélancoliques selon l'humeur de l'auteur. Arthur Buies nous livre ses pensées au commencement de 1873:

> *Est-ce une année de plus ou une année de moins que nous avons aujourd'hui? Hélas! c'est bien plutôt une année de moins. Alors, conçoit-on tout ce monde qui se félicite d'en être arrivé là? Conçoit-on tous ces souhaits insensés, toutes ces salutations à la vieillesse qui s'avance, toutes ces cajoleries à cette cruelle nouvelle année qui vous apporte des chagrins en perspective et le sceau éternel, ineffaçable, mis sur le passé?*
> *Pour moi, j'avoue que je ne suis nullement gai ce jourd'hui, et je compte bien le dire à tous ceux que je vais voir. Ce ne sont pas des félicitations qu'ils entendront de ma bouche, mais une litanie d'agonisant. Je leur parlerai de ce qui n'est plus au lieu de leur parler de ce qui sera, on court moins de risque ainsi de se tromper. Du reste, si le passé laisse des regrets, il n'est pas moins le passé, et ce qu'on a souffert est une affaire faite.*
> *Puisque le bonheur est impossible, je ne vois pas pourquoi l'on persiste à se le souhaiter régulièrement à un jour fixe sur tous les tons connus de la doucereuseté.*

226

Le jour de l'an

Mais ce que j'admire le plus, c'est ce bon Saint-Sylvestre qui ne se lasse pas, depuis le pape Grégoire XIII qui l'a institué à cette fonction, de suivre le convoi funèbre de chaque année qui disparaît. On sait que le 31 décembre est invariablement le jour de la Saint-Sylvestre; les saints ne doivent pas être entre eux d'aussi bons amis qu'on serait porté à le croire, puisqu'il ne s'en trouve pas un qui veuille épargner à Saint-Sylvestre une pauvre petite fois cette besogne funèbre. C'est un métier qui me paraîtrait pénible, à moi, simple mortel, que de rogner toujours, toujours, tous les ans, au temps un bout de ses ailes, sans jamais en finir, et je trouve que gagner le ciel à ce prix, ce n'est pas en jouir.

Il y a un vieux proverbe qui dit: "tout nouveau, tout beau." C'est pour cela qu'on trouve si beau de recommencer chaque année les mêmes déboires, de ruminer sur un autre mode les mêmes sensations, rien que pour l'amour d'un proverbe qui se moque de nous, comme si c'était du nouveau que de vieillir, et comme si c'était bien beau que de s'enlaidir de plus en plus! Hélas! je connais bien des choses déjà vieilles qui sont beaucoup plus belles que toutes celles que j'attends désormais, et le proverbe ne m'en consolera pas.

Vieillir, quelle horrible chose! S'acheminer lentement, mais irrévocablement, à la perte de tout ce qui faisait sa force et sa gloire, se sentir miné sourdement sans jamais éclater, voir ses dents jaunir petit à petit sans que le Philodonte, ou le Sozodonte, ou tous les odontes du monde y puissent rien, s'approcher tous les jours du terme fatal au bout duquel est la mort qui ne manque jamais son coup; voir tout autour de soi se faner, se flétrir, puis disparaître, avec la certitude qu'il nous en arrive autant à chaque instant de plus que l'on croit vivre pendant que l'on meurt à petit feu, quelles autres perspectives puis-je vous offrir, lecteurs bien-aimés, quand bien même je vous ferais les souhaits les plus radieux et les plus savamment trompeurs?

Attendez-vous de moi que j'aille m'asseoir aujourd'hui une minute dans cinquante salons différents pour débiter la même banalité perfide? Croyez-vous, que je vais répéter avec mille autres imbéciles comme vous et moi cette formule identique dans toutes les bouches de la "bonne et heureuse année," quand je sais d'avance à coup sûr que l'année qui commence sera plus triste encore que toutes celles qui l'ont précédée? Non, je ne vous ferai pas cette atroce plaisanterie, moi qui vous en fais tant d'autres dans le cours de trois cent soixante-cinq jours qui composent l'année calendaire. Je vous prédis au contraire que plusieurs d'entre vous mourront cette année même, peut-être moi le premier, ce qui n'en sera que mieux, et, quand vous m'aurez perdu, vous trouverez qu'il n'y a plus rien à désirer au monde.

227

Le temps des Fêtes

Que puis-je donc souhaiter pour vous? Rien. Ah! si l'on pouvait un seul jour arrêter cet impitoyable et immouable vieillard qui s'appelle le Temps, je ne dis pas, je vous ferais pour ce jour-là des souhaits comme jamais vous n'en avez entendus dans aucune langue, et je vous dirais en canadien "envoyez fort, vous êtes sûrs de vivre un jour sans y perdre," mais nous ne pouvons pas même faire cette déduction qui a l'air si simple.

*
* *

Toujours des feuilles qui tombent, toujours des larmes nouvelles pour remplacer celles qui sont séchées, Dieu sait comment; toujours recommencer pour finir et recommencer encore, répéter les mêmes sensations, renouveler les mêmes misères, c'est plus que monotone, c'est accablant, et je ne vois pas pourquoi tout le monde ne se suicide pas aujourd'hui plutôt que de se féliciter d'avoir encore cette besogne à accomplir pendant toute une année.

Supposons que j'entre aujourd'hui dans un de vos salons, vous me recevez avec toutes les formalités d'usage, c'est convenu. Je m'assieds, ce qui est bien inutile, puisque je dois me lever l'instant d'après pour faire place à un nigaud, qui, ce jour-là, aura autant d'esprit que moi... que voulez-vous que je vous dise? "Bonjour, madame, moi aussi. — Il fait assez froid aujourd'hui, madame, — Oui, monsieur, il fait pas mal froid. — Hier, il faisait plus doux, madame. — En effet, il faisait plus doux hier, monsieur. — La température pourrait changer d'ici à demain. — Oui, cela est possible, monsieur."

Après cela je me trouve coi, et j'attends le coup de sonnette libérateur qui m'enverra chez votre voisin répéter les mêmes traits d'éloquence qui ne séduisent personne, malgré tout leur mérite.

Connaissez-vous rien de plus assommant que cette habitude de se plâtrer en règle les uns les autres, et sur le même ton, une fois par année? Tout le monde l'exècre et cependant tout le monde la suit. Mais que dire de ceux qui, non contents de faire cent visites à leurs amis et connaissances, en font cinquante autres à ceux qu'ils ne connaissent même pas, dans l'espoir d'être invités à leurs bals ou soirées de carnaval? Qui choisissent précisément le jour où le nombre des amis vous accable pour y ajouter celui des inconnus? Oh! Dieu bon! heureusement que vous n'êtes pour rien là-dedans. Ce sont les hommes qui ont divisé les années; vous qui êtes éternel, vous ne connaissez pas ces distinctions qui nous mènent au supplice avec des gants lilas et des cravates neuves. Vous durez toujours, et nous, pour nous consoler de ne durer qu'un temps, nous avons inventé la bonne année, comme si une année valait mieux qu'une autre.

Le jour de l'an

Allons; puisqu'il faut grimper toujours le même rocher comme Sysiphe, grimpons. La vie est un promontoire; quand on est rendu au sommet, on meurt: c'est là une petite consolation, mais ça n'en est pas moins une, car alors on n'a plus à recommencer. Il est triste tout de même de finir comme cela; mais, puisque c'est la loi, soumettons-nous. Dura lex, sed lex. Si quelqu'un aujourd'hui, madame, vous parle latin, dites-lui qu'il s'est inspiré du Chroniqueur. Vous n'y comprendrez pas un mot, mais j'en serai fier pour vous qui aurez évité ainsi une banalité de plus en langue française, la langue de nos aïeux, qu'il faut conserver sans doute avec nos lois et nos institutions, mais qu'il est pénible de faire servir à toutes les niaiseries consacrées.

*
* *

Maintenant, voulez-vous savoir ma pensée entière? Je ne vous en veux pas, au contraire, puisque je me morfonds régulièrement pour vous une fois par semaine (trouvez donc quelqu'un qui en fasse autant parmi tous ceux qui, aujourd'hui, vous inondent de félicitations); mais il m'est impossible de vous faire des souhaits. Je vous dirais plutôt:

"Regardez dans le passé; il est plus ou moins lugubre, mais il est passé; vous n'avez plus rien à en craindre; vous savez ce qu'il vous a coûté et ce qu'il vous réserve, quant à l'avenir, c'est l'inconnu. Or l'inconnu, malgré ses attractions, est épouvantable. Vous n'êtes pas tous des poètes qui cherchez l'idéal, et je vous en plains tout en vous enviant. Pour moi, hélas! malgré toutes les désillusions, je me lance encore dans le mystère, je me précipite dans l'insaisissable, pensant y trouver encore mieux que ce que je saisis depuis que je fais des chroniques; mais les désirs humains sont insatiables, et si vous avez un souhait à me faire pour l'année nouvelle, adressez-vous à mon propriétaire qui a le coeur tendre et qui comprend ce qu'il en coûte pour vivre au même prix toute une année de plus. S'il est content de moi, j'ai une bonne chance. Sinon, ô dieux! il me faudra grimper encore le rocher de Sysiphe, mais je ne le grimperai plus avec les mêmes forces. (21)

Tout n'est donc pas "heureux" et gai dans l'arrivée du nouvel an, et il s'y glisse souvent une note lugubre qui rappelle que le temps fuit pour ne plus jamais revenir: l'évêque se fait un devoir d'évoquer pour ses fidèles cet aspect du jour de l'an.

L'année 1851, s'est, comme toutes les autres, évanouie comme une ombre fugitive et dissipée comme une fumée légère. Pleurons, si nous avons eu le malheur de la passer dans le péché; car, ce serait encore une année de perdue. Aujourd'hui nous sommes plus près d'une année, de notre éternité. Réjouissons-nous, car notre rédemption approche, si nous nous sommes sérieusement préparés à entrer dans les années éternelles. Pendant l'année qui vient de s'écouler, nous avons reçu une infinité de grâces; remercions-en le Père des lumières, de qui vient tout don parfait. La mort nous a enlevé beaucoup de nos frères. Prions pour eux; et entendons-les nous dire: l'an dernier, ce fut notre tour, cette année ce sera le vôtre. Puisse ce cri lugubre, qui s'échappe de toutes les tombes, nous faire sentir jusqu'au fond de l'âme qu'il

Le Samedi, 3 janvier 1891.

L'alcool, la fumée et une lettre sont les consolations du solitaire.

est temps de nous réveiller de notre léthargique indifférence pour notre salut.

    Cette terre est un lieu d'exil ennuyant: ne nous y attachons donc pas. Ce monde est une figure qui passe: laissons-le donc passer avec tous ses faux biens. Cette vie est une vallée de larmes: ne nous livrons donc pas à ses vaines joies. Déjà nous avons un pied dans la fosse: n'allons donc pas de l'autre danser et sauter, comme des insensés. Le temps passé à être bien mauvais: rachetons-le donc par des bonnes oeuvres, qui peuvent seules assurer notre vocation et notre élection à la vie éternelle. (22)

Le jour de l'an était au Canada français, la fête par excellence: c'est lui qui constitue l'apogée de ce que l'on désignait sous l'appellation "le temps des fêtes", et comme nous l'avons vu antérieurement, sa célébration implique plusieurs étapes.

Dès le matin, c'est dans les familles canadiennes-françaises, la bénédiction paternelle, moment solennel entre tous, après quoi on pense aux étrennes.

L'Opinion Publique, 8 janvier 1880.

Le patriarche bénit ses enfants qui lui rendent visite selon la tradition.

231

E.J. Massicotte, Nos Canadiens d'autrefois,
  Granger, Montréal, 1923.

L'artiste a fixé ici un trait de notre vie canadienne; il se trouve que, du même coup, il a illustré ces paroles de l'Ecclésiastique: "Mon fils, c'est Dieu qui a élevé le père au-dessus de ses enfants." L'enfant qui respecte son père trouvera, à son tour, sa joie dans ses enfants. Honorez votre père en toute patience, afin qu'il vous bénisse, et que sa bénédiction demeure sur vous jusqu'à votre dernier jour.

L'autorité du père de famille, ainsi sanctionnée par nos livres saints, observée d'ailleurs au sein des peuples païens, grâce à la loi naturelle, offrait chez les anciens, quelque chose d'absolu et d'excessif. Notre Seigneur est venu, inculquant à toute autorité la douceur et la mesure. Le christianisme a perpétué sa doctrine, et le peuple de France nous l'a transmise. Sans doute, dans tous les pays chrétiens, l'autorité paternelle commande le respect, mais ce respect se manifeste de diverses manières selon les continents et les races. Chez nous, point de circonstance où il apparaisse mieux qu'au matin du premier jour de l'an.

L'artiste, qui a tracé cette image, et dont Maurice Boutet de Monvel a loué naguère l'observation consciencieuse, nous fait assister à la bénédiction paternelle dans une demeure de la campagne canadienne. Il a donné à la scène un cadre très simple, où nous reconnaissons cependant les accessoires essentiels de nos intérieurs paysans. Mais il a voulu que toute notre attention se porte sur le groupe principal.

Le fils qui, lui aussi, à son tour, a fondé une famille, vient d'arriver chez son père. Dehors, il fait froid; tous sont donc chaudement vêtus. Ils n'ont pas pris le temps de dépouiller ce lourd attirail. A peine franchi le seuil de la maison paternelle, le jeune homme accompagné de sa femme et de ses enfants, se jette aux pieds du chef pour implorer sa bénédiction. On sent, dans cette hâte, l'accomplissement d'un devoir auquel il ne faudrait manquer pour rien au monde. Le grand-père élève ses mains, et, avec un sourire qui dissimule mal son émotion, il demande à Dieu de bénir sa postérité.

Encore une fois, il n'y a point ici d'apparat inutile ni de solennité extraordinaire; la grand'maman et sa fille "font des joies" au dernier venu de la famille, l'aïeul lui-même ne prend pas le temps de revêtir son veston... Rien n'est moins apprêté que l'attitude de ces bonnes gens. Mais là justement résident la vérité et la discrète poésie de cette scène; elles tiennent au fond des choses, à ce rite

→

séculaire répété sous tous les cieux et qui nous rappelle à tous le bienfait sans prix de la famille chrétienne.

Quel réconfort pour un fils de courber la tête sous le geste paternel et de s'incliner devant celui qui a participé à l'oeuvre créatrice de Dieu même; mais surtout quelle fierté pour le chef d'étendre ses mains sur sa famille, sa famille nombreuse, en songeant que ce petit peuple qui lui doit la vie, lui vaudra sans nul doute l'éternelle couronne du paradis!

Souhaitons que nos gens soient fidèles toujours à cette noble coutume. Aussi longtemps qu'ils le resteront se maintiendra chez nous cette marque des sociétés fortes: le respect de l'autorité.

La Presse, 28 décembre 1929.

Autre illustration de la bénédiction paternelle à la campagne.

UN CONSEIL DE NOUVELLE ANNÉE
Vous feriez mieux de regarder un peu par ici, au lieu de vous donner tant de mal inutile !

Le Monde Illustré, 31 décembre 1898.

Illustration du thème de la futilité des choses matérielles pour les mortels que nous sommes.

Le temps des Fêtes

Après ce rite religieux et la messe, commence la ronde des
visites pour souhaiter à toutes ses "connaissances" la "bonne et
heureuse année"; notons en passant que la messe de minuit était,
au jour de l'an, une chose exceptionnelle: voici ce que précise
l'archevêché de Montréal en 1926:

> J'ai reçu, il y a quelques semaines, du Saint-Siège, un indult, me
> permettant, d'accorder à certaines paroisses de Montréal la messe
> de minuit du jour de l'an. Nous avons souvent déploré que le
> retour du premier de l'an soit devenu, au sein de nos chrétiennes
> populations, l'occasion de réjouissances scandaleuses, et, d'une
> année à l'autre, nous avons été amenés à donner à notre
> traditionelle réunion de Notre-Dame un caractère de réparation
> de plus en plus marqué (...) Le coeur de Notre-Seigneur, si
> cruellement blessé et outragé ailleurs, reçoit là, du moins, une
> compassion et une réparation de la plus ardente sincérité (...) il ne
> peut être question d'accorder à tous, indistinctement, à la
> campagne ou à la ville, ou aux oratoires publics, une messe de
> minuit. L'indult ne concerne que les paroisses, et parmi les
> paroisses, celles de la ville seulement... Je veux y insister encore
> une fois; il ne s'agit pas d'une fête où la curiosité et la mondanité
> trouveront leur compte, mais d'une démonstration de réparation,
> de foi et d'amour envers Notre-Seigneur. (23)

S'il est tant question de "réparation", c'est que le jour de l'an
est l'occasion de réjouissances profanes auxquelles l'évêque est
loin de "donner sa bénédiction"... entre autres, les nombreuses
visites s'accompagnent presque toujours de verres d'alcool tout
aussi nombreux.

> Le jour de l'an — ses abus — "Prenez un coup Monsieur,
> pour saluer le nouvel an. Cette parole va être dite bien souvent, du
> moins nous le croyons... l'habitude de se traiter est un malheur
> pour le Canada. Que d'ivrognes elle a faits.
> Au nom de la religion et de la patrie, nous vous demandons,
> lecteurs, de ne pas vous "entretraiter" pendant le temps des fêtes,
> nous vous le demandons dans l'intérêt de vos enfants qui
> grandissent, vous leur donnez l'occasion de boire et plus tard, ils
> boiront. Que d'hommes vont s'enivrer parce qu'on aura la
> faiblesse de leur présenter un verre. Rappelons-nous, compatrio-
> tes, que toutes les fois qu'on favorise une mauvaise habitude, on
> travaille contre les intérêts de sa patrie. Faisons plaisir à Dieu, si
> nous voulons que Dieu nous fasse plaisir. (24)

Comme dans les siècles précédents, la tournée de visites que
font les hommes, consiste à se rendre chez parents et amis, où les
femmes, restées à la maison, les attendent, pendant que l'homme
du foyer est lui-même parti faire sa propre tournée de visites. Les

visiteurs en vinrent peu à peu à signaler leur visite en laissant une "carte de visite" à l'intention du maître de la maison; si une carte ordinaire pouvait bien faire l'affaire, la mode se répandit de laisser des cartes de voeux plus ornées, comme le confirme cette annonce:

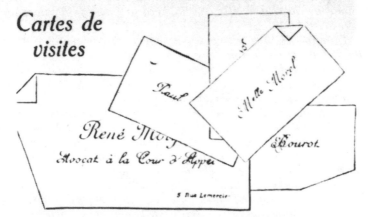

Le temps des visites

Vous aurez à faire de nombreuses visites à l'occasion du Jour de l'An. Ne soyez pas pris au dépourvu et donnez dès aujourd'hui votre commande pour l'impression de vos

Cartes de visites

La haute qualité de nos bristols, l'élégance de nos caractères typographiques et la compétence reconnue de nos ouvriers ainsi que le soin qu'ils apportent à l'exécution de leur travail vous assureront la plus grande satisfaction si vous nous confiez l'impression de vos CARTES DE VISITES.

Nos prix sont modérés

LE DEVOIR

Le Devoir, 24 décembre 1915.

L'on se faisait faire des cartes de visite élégantes que l'on laissait chez parents et amis dans le temps du jour de l'An.

On en vient aussi à mettre à la poste des cartes de souhaits pour le jour de l'an. Tout un protocole régissait la façon d'envoyer de telles cartes: voici les conseils prodigués en 1916 dans la **Revue Populaire,** sous le titre: "Cartes de visites".

La vogue des cartes de visites était — il y a une dizaine d'années — à son apogée et quand venait la fin de décembre, on en faisait des échanges et des envois considérables. Cette année, ces envois seront naturellement restreints. Donnons néanmoins les usages auxquels il faut se conformer.

Le libellé de la carte de visite doit être fort simple. Jamais les hommes ne font précéder leur nom du mot "Monsieur"; en revanche, ils mettent leur adresse au bas de la carte. Les femmes ne mettent pas leur adresse et se contentent d'indiquer leur jour de réception.

Il n'est point d'usage qu'avant la trentaine une jeune fille ait sa carte. Que l'une d'elles ne veuille point se conformer au dit usage, ou ait atteint l'âge voulu, elle libellera sa carte simplement sans adresse.

Toutefois, si elle a une soeur, elle mettra son prénom afin d'éviter toute confusion.

Les cartes de visites envoyées par la poste se divisent en deux catégories: cartes de nouvel an — cartes de félicitations, heureuses ou de condoléances.

Les hommes célibataires ou veufs envoient les premiers leurs cartes aux gens mariés et à l'adresse de Monsieur et Madame; le premier seul renvoie sa carte. La parfaite correction exige que, dans les cartes envoyées à un ménage, il y ait non seulement celle du ménage, mais encore celle de Monsieur.

A moins de cas particuliers, la femme n'envoie point sa carte à un homme, exception faite pour les vieillards et les éclésiastiques.

Il convient de prendre l'initiative de l'envoi de sa carte vis-à-vis des personnes mieux qualifiées ou plus aisées, mariée, veuve ou célibataire. Une femme, si elle est fonctionnaire, enverra sa carte à ses supérieurs suivant les règles établies par le protocole de son administration.

Au cas où les fonctionnaires n'habitent point la même ville que leurs supérieurs, ils devront envoyer leurs cartes de manière à ce qu'elles arrivent le 31 décembre. Il va sans dire que le supérieur retourne une carte à son inférieur.

Les gens mariés, fussent-ils très âgés, adressent les premiers leurs cartes à une femme vivant seule, fut-elle très jeune. Celle-ci renvoie sa carte puisqu'il y a une femme.

On adresse également sa carte aux gens du monde auxquels on a été présenté au cours de l'année, et aux personnes à qui l'on sait ne pouvoir faire de visite à cause de leur éloignement. (25)

Le jour de l'an

Les visites du jour de l'an et l'échange de souhaits font l'objet de plusieurs illustrations.

L'Opinion Publique, 9 janvier 1873.

En groupe, les hommes font la tournée des visites: ils embrassent les femmes, prennent un verre, offrent leurs souhaits et laissent leurs cartes.

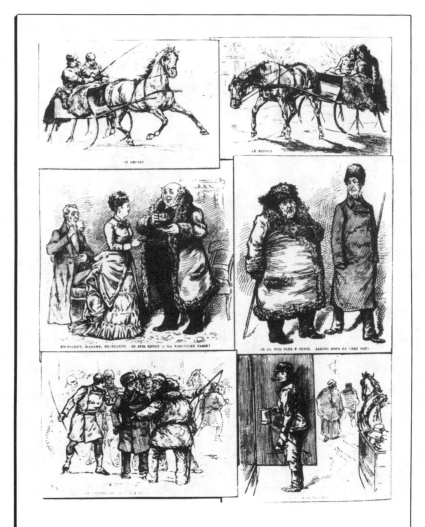

L'Opinion Publique, 16 janvier 1886.

Scènes humoristiques représentant les visites du jour de l'An.

A LA CAMPAGNE. — scènes du jour de l'an canadien. — (Dessin et composition de J. in de E. Mac...)

Le Monde Illustré, 4 janvier 1896.

Les souhaits du jour de l'An à la campagne.

La Revue Populaire, janvier 1908.

Les enfants absents font parvenir leurs voeux par lettres.

LES LETTRES DU JOUR DE L'AN

Le Samedi, 27 décembre 1890.

Le temps des Fêtes

Les règles de politesse régissent aussi la traditionnelle "poignée de main": voici un résumé du protocole à suivre, tel qu'édicté en 1927:

Le moment ne peut être mieux choisi de parler de cet antique usage par quoi se traduit la politesse, forme sociale de la bonté. Cette coutume comporte quelques règles assez strictes qu'il importe de connaître.

Vous aurez, au temps des fêtes, bien des poignées de main à donner. Comment vous comporterez-vous? Voici d'abord une

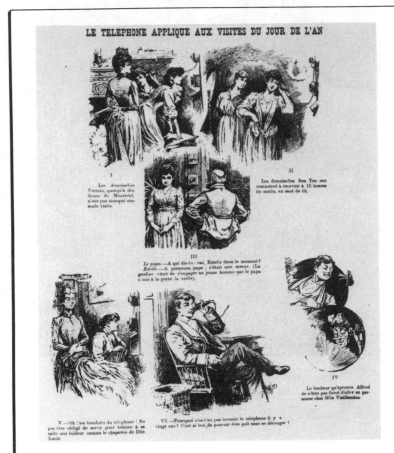

Le Samedi, 11 janvier 1890.

La nouvelle invention qu'est le téléphone vient modifier le rituel de l'échange des voeux.

Le jour de l'an

règle générale et que prescrivent tous les manuels d'étiquette.

De deux hommes ou deux femmes se trouvant face à face, c'est la plus âgée qui doit tendre la main: la plus jeune doit attendre que le geste de l'autre se dessine pour y répondre. Mais il peut arriver que la plus jeune ait une situation très nettement supérieure à l'autre dans la hiérarchie sociale. Dans ce cas, la règle est renversée.

La Presse, 26 décembre 1931.

Les querelles de l'an dernier sont effacées: c'est la période des réconciliations.

Le temps des fêtes

Ainsi un jeune député tend le premier la main à un foenctionnaire plut âgé, mais son inférieur. La femme du député ferait de même avec la femme du fonctionnaire. Dans une administration privée, la coutume est la même: le directeur tend le premier la main à l'un de ses employés plus âgé.

Quand un homme et une femme, de même position sociale, se rencontrent, c'est toujours à la femme de commencer. Il n'y a pour ainsi dire pas d'exception à cette règle. La femme est libre de saluer et de donner la main à qui elle veut. C'est pourquoi l'usage veut qu'elle salue ou donne la main la première. Si les conditions

La Presse, 29 décembre 1928.

246

Le jour de l'an

sociales sont tout à fait différentes, là où les castes sont bien marquées, la règle comporte évidemment quelques exceptions.

Deux choses à éviter dans la poignée de main: la brusquerie et la molesse. (26)

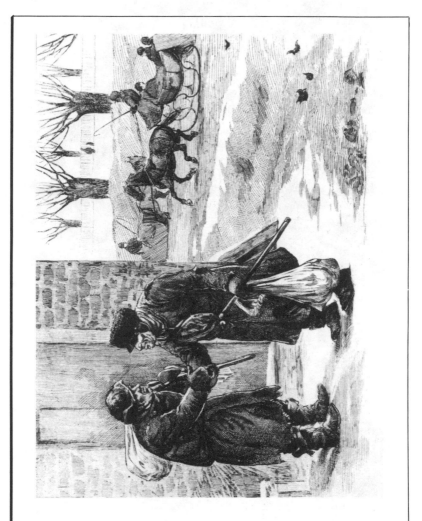

Canadian Illustrated News, 1 janvier 1881.

Même s'il est peu probable qu'ils se réalisent, on échange des voeux de bonheur et de prospérité.

"BONNE ANNÉE"   *Pastel d'après le tableau par Henri Julien*
Reproduit de notre calendrier de 1929

Vous Souhaitant
Une Heureuse Nouvelle Année
La Brasserie Frontenac
Limitée

Frontenac Export Ale

La Revue Moderne, janvier 1929.

Un truquage place dans cette composition d'Henri Julien un produit commercial qui n'y figurait pas.

La revue moderne, 15 décembre 1920.

Exemple d'un mélange savoureux de souhaits religieux et économiques.

Le problème de l'alcool, problème sur lequel les pasteurs reviennent très fréquemment, tout au cours du XIXe siècle et jusqu'aux années 1945, a inspiré plusieurs contes moralistes qui font le récit des malheurs entraînés par l'ivrognerie comme celui-ci des années 1880. Parmi ceux-ci, celui de J.F. Morrissette, intitulé "L'Enfant perdu" et publié en 1883 dans son recueil "Au coin du feu".

La veille du premier de l'an 1878, vers 7 heures du soir, un homme s'acheminait dans la route de Sainte-Anne de la Pérade qui conduit à Saint-Casimir.

Cet homme était ivre.

Il avait passé sa journée à boire avec ses amis et s'en retournait à sa demeure où l'attendait une femme et un enfant.

Cet homme se nommait Alfred Lambert.

Il était jeune, ce misérable ivrogne, il comptait à peine vingt-huit années d'existence; mais il était vieux dans son vice de prédilection.

Dès l'âge de 15 ans son père était obligé d'aller le chercher dans les maisons où l'on débitait de la boisson sans licence.

Les bons conseils de son père qui était un parfait honnête homme, ni les pleurs de sa bonne mère ne réussirent à le corriger. Il continuait à boire et devenait de plus en plus ivrogne.

Lorsqu'il eut atteint sa vingtième année, son père espérant le rendre meilleur, lui proposa de le marier.

Au nombre des jeunes filles de sa connaissance, il s'en trouvait une qu'il semblait préférer aux autres: c'était Alvina Lafortune.

Elle était propre, travaillante et surtout très pieuse.

Cette jeune fille ne détestait pas Alfred Lambert, mais elle ne l'aimait pas assez pour l'accepter comme époux.

Lorsque Alfred lui proposa de l'épouser, elle lui fit comprendre qu'elle ne pouvait se décider à l'accepter, parce qu'elle ne l'aimait pas assez et surtout à cause du misérable vice qu'il avait.

Alfred lui fit mille promesses de ne plus boire, mais rien ne put fléchir la jeune fille.

Alvina était orpheline depuis plusieurs années. Elle demeurait chez un de ses oncles maternels, qui avait consenti, sur la demande de sa mère, à la garder chez lui.

Cet oncle d'Alvina avait deux misérables défauts: il était avare et ivrogne.

Alfred Lambert s'était mis dans la tête d'épouser Alvina Lafortune. Le refus de la jeune fille ne l'affligeait guère; il se dit en lui-même qu'il s'entendrait parfaitement avec l'oncle et résolut de lui parler de la chose.

Un bon dimanche, après la messe, il aborda le père Germain, c'était le nom de l'oncle d'Alvina, et lui déclara son amour pour la jeune fille.

Le jour de l'an

Le père Germain se trouva enchanté de la nouvelle. Alfred Lambert avait du bien et son père qui était riche, devait tout lui laisser en mourant.

Le sort d'Alvina est parfait, se dit-il, et bon gré mal gré, elle l'épousera. Le fait est que je commence à être fatigué de cette petite mijaurée. Ça fait de la dépense, d'élever des enfants, et ça ne nous rapporte que de la misère.

Arrivé chez lui, le père Germain annonça à son épouse et à Alvina que Alfred Lambert désirait épouser cette dernière. Il ajouta qu'il était on ne peut plus heureux de la chose et que le mariage aurait lieu aussitôt que possible.

Alvina voulut se récrier; elle déclara qu'elle n'épouserait jamais un ivrogne comme Alfred Lambert.

Ivrogne, ivrogne, s'écria le père Germain, eh! bien, tout le monde dit que je suis ivrogne, moi aussi, parce que j'aime à prendre un verre avec des amis; Est-ce que ta tante n'est pas heureuse avec moi?

Le bonheur de sa tante ne paraissait pas du goût d'Alvina. J'avouerai qu'elle avait parfaitement raison; chaque fois que le père Germain arrivait ivre chez lui, il brisait les meubles, battait sa femme et jetait la jeune fille dehors.

Mince encouragement pour une jeune fille, que la nouvelle qu'un semblable bonheur l'attend.

Les supplications et les promesses d'Alfred Lambert et les menaces de son oncle, finirent cependant par triompher de la résistance d'Alvina et le mariage eut lieu.

Il y avait à peine un mois qu'il était marié que déjà Alfred reprenait ses habitudes d'ivrogne. Il arrivait ivre presque tous les soirs, chez lui; il brisait tout dans la maison et finissait par accabler de coups la malheureuse qu'il avait juré d'aimer et de protéger.

La naissance d'un enfant ne réussit pas à modérer la passion dont Alfred était ravagé et bien des fois, la pauvre femme dut cacher son enfant pour éviter qu'un malheur arrivât.

* * * * *

La veille du 1er de l'an 1878, Alvina travaillait auprès d'un petit lit, sur lequel reposait un enfant de cinq ou six ans.

Elle regardait de temps à autre du côté de la porte, espérant voir arriver son époux.

Au dehors, il faisait une tempête épouvantable.

Il neigeait; un fort vent de nord-est faisait tourbillonner la neige en tout sens.

On ne voyait pas à deux pieds devant soi.

Tout à coup la porte s'ouvre avec fracas et le mari d'Alvina entre en titubant et en jurant comme un possédé contre le mauvais temps.

La pauvre femme essaie de le calmer; elle lui parle de son fils qui dort paisiblement et qu'il va réveiller.

251

La voix de son épouse semble exciter davantage le malheureux.

Il redouble de fureur, les blasphèmes les plus affreux sortent de sa bouche.

Il en vient aux menaces; il saisit les chaises et les met en pièces; finalement, il s'empare d'un morceau de bois qu'il trouve sous sa main et s'élance sur sa femme pour la battre ....
...

Les cris du misérable ivrogne avaient réveillé l'enfant.

En voyant son père fou de colère, en apercevant sa mère en pleurs, que le malheureux menaçait, le pauvre petit fut pris d'une terreur folle.

Il descend de son lit, se glisse furtivement du côté de la porte, puis s'élance dehors sans se soucier de la tempête qui sévit dans toute sa rigueur.

Le voilà qui court pieds nus sur la neige, n'ayant pour tout vêtement qu'une pauvre petite jaquette en flanelle qui lui va à peine aux genoux; tombant à tout instant et se relevant couvert de neige, pour reprendre sa course.

Il croit entendre les cris de son père, il s'imagine le voir à sa poursuite et sa frayeur augmente.

Il court le plus vite que peut lui permettre ses petites jambes et la neige qui encombre le chemin.

La sueur l'inonde, malgré la légèreté de son vêtement.

Il court, tombe, se relève et court encore.

Où va-t-il? il n'en sait rien lui-même. Il fuit un danger, ne sachant pas qu'il court après un plus terrible, un plus effrayant.

Il commence à sentir la fatigue; il ralentit sa course.

Le froid le gagne avec rapidité.

Le voilà qui grelotte, le pauvre petit, il est tout transi.

Il s'arrête et regarde autour de lui; il ne voit que de la neige.

La neige tourbillonne autour de lui et se colle à son vêtement.

Ses membres se glacent petit à petit. Il se voit loin de la maison paternelle, il oublie ce qui s'y passe dans le moment, et la conscience de l'épouvantable danger qui l'attend lui cause une frayeur plus terrible que la première.

Un cri d'angoisse, un cri tel que la plume se refuse à décrire, sortit de sa petite poitrine.

Maman! maman!

Le vent seul sifflant à travers les arbres qui bordent la route, lui répond.

Alors, des larmes coulent en abondance de ses yeux.

Il appelle, appelle toujours: maman! maman! et toujours le même silence lui répond.

Il essaie de marcher, mais ses petits membres gelés refusent de lui obéir.

Ses cris redoublent.

Le jour de l'an

Maman! bonne maman! venez donc me chercher, j'ai froid, oh! maman que je souffre ....
....

Il tombe sur la route, privé de connaissance.
La neige s'amoncelle autour de son corps et le recouvre bientôt.

* * * * *

A la maison, après avoir fait un tapage d'enfer, Alfred Lambert finit par tomber sur le plancher où il s'endormit.
Ce fut alors que la malheureuse Alvina s'aperçut de l'absence de son fils.
On comprendra facilement la douleur qu'elle ressentit en voyant le lit vide.
Elle courut chez les voisins. On fit une battue dans les environs et le petit fut trouvé à quelques arpents seulement de la maison.
L'enfant était mort.
Alfred Lambert fut tellement frappé par la mort de son fils, qu'il n'osât plus prendre une goutte de boisson. (27)

Toutes ces visites et ces souhaits ne sont pas toujours des signes d'une sincère amitié entre ceux qui les professent: un journaliste écrit en janvier 1845 ce qui suit, au sujet du jour de l'an:

Tu resserres chaque année, les liens de l'amitié; tu es le jour des épanchements, des bons souhaits, des baisers, des visites et de la gaîté! Oh! que ne donnerions nous pas, pour voir tous les jours de la nouvelle année, aussi purs, aussi joyeux, aussi heureux que le premier? Et cependant, nous connaissons bien les misères du jour de l'an: nous savons cette longue file de gens, qui vous abordent d'un air si poli, comme s'ils s'intéressaient tant à votre santé, et qui vous répètent cette phrase qui fait peur à tant de gens: "bonne année Monsieur"; ce qui exprimé plus clairement veut dire, "un petit écu, s'il-vous-plaît": nous savons les centaines de visites que vous avez à payer et à rendre ce jour-là, suivant l'usage, sous peine de passer pour un homme peu civil, ou pour un ours: nous savons les froides formalités de quelques unes de ces visites annuelles; et encore le singulier plaisir qu'ont les gens de venir s'informer de votre santé ce jour-là, qui l'année entière s'occupent fort peu que vous soyez vivants ou défunts. (28)

Il peut toujours se glisser une secrète différence entre les souhaits qu'on exprime et sa pensée profonde...

La Presse, 29 décembre 1906

Le degré de sincérité de chacun varie...

Le jour de l'an

Voici un autre exemple de ces réflexions du jour de l'an; celui-ci, publié dans la **Revue canadienne**, daté du 9 janvier 1846, repasse ce que le nouvel an représente pour différentes personnes avant de formuler pour tous, des voeux personnalisés:

Les huit premiers jours qui viennent de s'écouler sont passés joyeusement au milieu de nous. Partout, dans toutes les classes, sous le plus riche lambris, comme sous l'humble toit de l'artisan, ce n'a été qu'une suite de fêtes, de réjouissances et de plaisirs. Tout le monde s'est livré à l'enivrement de la joie la plus vive, la plus parfaite, la plus folle.

N'est-ce pas qu'il y a quelque chose de bon, de social, d'amical dans l'esprit de nos moeurs à cette époque de l'année. Il semble que chacun oublie les peines, les misères de la vie pour se livrer tout entier à cette allégresse générale. On dépose le fardeau, pour se laisser aller, une fois l'an, au moins, aux doux épanchements de la plus complète sociabilité. Tout le monde se fait aimable, prend son plus beau sourire, sa physionomie la plus agréable.

D'abord l'Eglise nous a préparés à cette ivresse de plaisirs et de joie. Elle s'est faite joyeuse aux approches de Noël. Elle célèbre ses fêtes les plus solennelles; dans toute l'étendue du monde chrétien, des cantiques réjouissants, des hymnes d'actions de grâces, proclament le plus grand mystère de la religion, et les bienfaits de cette providence éternelle, qui règle le cours du temps et qui bénit les années accordées aux enfants des hommes.

Un nouvel an est une époque dans la vie humaine, un jalon marqué de distance en distance pour en mesurer la durée; jeunes, nous les dépassons avec plaisir et sans regret, parce que la première partie de la vie se passe à désirer la seconde; nos regards et nos espérances se tournent vers l'avenir; nos fraîches années de jeunesse et de simples bonheurs ne suffisent plus à nos coeurs. Nous abandonnons bien vite cette insouciante période de l'enfance avec ses purs et inaltérables rayons de joie, et sa franche gaîté; il nous faut l'âge mûr, avec les charmes et l'anxiété de l'ambition, il nous faut déjà de graves préoccupations, il nous faut l'amour, bonheur ou malheur, joie ou peine; quand nous sommes arrivés à la seconde partie de l'existence, alors à chaque pas nous découvrons de nouveaux soucis, nos illusions tombent et s'effacent - il faut retourner vers le passé:

> *Passé! moments de plaisir,*
> *Jours de bonheur ou de peine,*
> *Que le souvenir ramène,*
> *Et qu'on voudrait ressaisir;*

Heureux sont ceux, qui à l'approche de chaque nouvel an, peuvent regarder en arrière avec satisfaction sur l'année écoulée, et qui n'ont pas occasion de regretter les moments perdus.

Le temps des Fêtes

Heureux encore ceux que le temps a couronnés d'une auréole de cheveux blancs, s'ils ont traversé les orages de la vie, en semant sur leur route de belles et bonnes actions, qui sur le soir de l'existence, portent des fruits abondants; pour ceux-là, les dernières années ont aussi leurs charmes et leur sérénité; mais il leur faut, comme au soir d'un beau jour, les chaudes teintes du crépuscule, les derniers rayons du soleil. Il faut au vieillard l'amour et le respect de tous, il lui faut de tendres soins, qui réchauffent les glaces de l'âge et le consolent dans sa décrépitude.

Au milieu de ses pensées graves, combien le jour de l'an apporte de pensées riantes, douces et heureuses. Combien il évoque de joyeux souvenirs d'amour, d'amitié, de plaisirs.

Sous le toit de la famille, de bonne heure, les enfants se rassemblent autour de la couche paternelle; c'est un groupe de jeunes têtes blondes, brunes et noires, des frais et candides visages, des regards limpides et rayonnants, des sourires d'indicible félicité, de petites bouches vermeilles murmurant des mots de gratitude et d'amour, des yeux humides et mouillés par les plus douces émotions de notre nature - c'est un beau et touchant spectacle que tous ces enfants qui s'agenouillent et se courbent sous la bénédiction des bons vieux parents.

Après, c'est un concert de baisers, de caresses et de souhaits de bonne année.

Le père contemple avec orgueuil son fils qui grandit et se fait homme, sa fille qui s'embellit tous les jours.

La mère les presse dans ses bras, dans une étreinte de félicité suprême.

Puis le coeur s'épanouit, se dilate et s'épanche, parfois des larmes se mêlent à ce bonheur du foyer domestique; les torts de l'année, les fautes du passé vous apparaissent dans toute leur hideuse laideur; un baiser et une caresse les effacent pour toujours.

Si c'était là le seul heureux effet du jour de l'an, il faudrait le bénir et le féliciter de conserver ses bons vieux usages.

Combien de familles dont le bonheur intérieur était obscurci par de sombres nuages, les ont vus fondre et se dissiper aux premiers rayons d'amour du premier janvier! Combien de réconciliations opérées, combien de pardons accordés ce jour-là.

Cette époque a encore une bienfaisante influence sur la société entière, par cet ancien et respectable usage de se visiter et de se saluer, si fort en honneur parmi nous - elle resserre les liens qui nous rattachent les uns aux autres - en nous rapprochant.

Aussi tout le monde salue le commencement d'un nouvel an avec acclamation. Les hommes d'affaires anticipent, pour les douze mois qui vont suivre, une prospérité nouvelle et une riche moisson; l'avocat attend cette fois, une clientèle nombreuse, qui ayant fait défaut pendant tant d'années, ne peut manquer d'arriver, sur le principe que ce qui n'arrive pas aujourd'hui, viendra demain; le médecin (le malheureux!) par état comme par charité, soupire après les fièvres, la goutte, les rhumatismes, et maints autres maux qui lui permettent d'exercer le divin art d'Esculape, qui n'est pas toujours l'art de guérir.

La jeune fille qui se fait belle en grandissant, qui peut-être va dire adieu à son existence calme et sereine d'hier, salue aujourd'hui une nouvelle année, avec un doux espoir. Pour elle la vie s'embellira encore de nouveaux charmes; car les émotions qui font déjà palpiter son coeur, ont pour elle de douces joies, et des bonheurs étranges et ignorés jusqu'alors.

Le jeune homme qui s'avance dans le monde, à la conquête d'une position honorable dans la société, qui veut remplir noblement sa destinée de travail et d'utilité, s'éveille le jour de l'an avec la pensée intime, qui ne le quitte pas depuis longtemps. Il a compris que l'homme est éminemment social, que l'isolement ne convient pas à sa nature; qu'il lui faut une bonne et douce compagne pour centupler les agréments de la vie et en diminuer les misères en les partageant. Il espère que l'année ne se passera pas, sans apporter de grands changements dans son sort.

Voilà le commencement de l'année; grands et petits se promettent bien des choses qui ne viendront pas, bâtissent bien des projets qui ne s'élèveront jamais qu'à l'état de chimères - mais c'est là la vie humaine, toujours remplie de désirs nouveaux, d'espérances séduisantes.

Espérons donc, quand même, puisque l'espérance nous fait vivre - et souhaitons une seconde fois pour l'an de grâce 1846:

A celui qui arrive au déclin de la vie une vieillesse heureuse.

Aux parents, des enfants reconnaissants qui les honorent et les chérissent.

A nos aimables dames canadiennes, des maris dociles et aussi aimables qu'elles peuvent désirer.

A la jeune fille, un amant vertueux qui la rende bien heureuse.

Au jeune homme, une gentille et bonne petite femme selon son coeur.

Enfin à tous une bonne année! (29)

Le "temps du jour de l'an" est encore comme auparavant, le temps des joyeuses soirées de danses: comme sous le régime français, les évêques reprennent les mises en garde à ce sujet:

Je crois qu'il faut admettre dans la pratique que les bals, avec certaines précautions, sont permis. Or, telles sont les principales précautions à prendre pour qu'ils ne soient pas dangereux. Avant tout, ces réunions ne doivent se faire que chez des personnes reconnues pour honnêtes, et être autant que possible, formées de parents, voisins et amis respectables. De plus, on y doit prendre les précautions suivantes et exiger: 1. Qu'il n'y ait ni paroles, ni chansons, ni gestes, ni danses, ni jeux contraires à la pudeur; 2. Que les parents y conduisent eux-mêmes leurs enfants, sans jamais laisser leurs filles y aller seules avec les jeunes gens qui les fréquentent; 3. Que ces assemblées ne soient pas longtemps prolongées dans la nuit; 4. Qu'il n'y ait pas de boisson, excepté aux repas de famille, qui peuvent accompagner ces réunions. (30)

E.J. Massicotte, Nos Canadiens d'autrefois.

Parmi les scènes de moeurs canadiennes que Massicotte excelle à croquer, la Veillée d'autrefois est peut-être la plus caractéristique, tant par la sincérité du sujet que par le soin des moindres détails.

Samuel Chapdelaine, ou Jean-Baptiste Bonenfant, comme on voudra (le nom importe peu), a réuni ses voisins dans une de ses soirées d'hiver où la gaîté règne au coin de l'âtre, tandis qu'au dehors la "poudrerie" rafale aux carreaux des fenêtres et forme des "bancs de neige" en travers du "chemin du roi". La grande salle qui a vu les générations de petits canadiens, l'une poussant l'autre, édifier largement les assises de la race sert à la fois de salon, de salle

→

258

à manger, de cuisine et de vivoir; on y voit, accrochés aux murs, la croix de tempérance du chef de famille, le fusil et la corne à poudre qui servaient naguère à se protéger contre les indiens mais dont l'utilité se borne aujourd'hui à mettre une perdrix au pot; la pendule antique repose sur une tablette entre la bouteille d'eau bénite et le pot à barbe du maître de céans; la balance à fléau, les tresses d'ail, le "cadre" où la "fille de la maison" a brodé sur un canevas une devise pieuse, achèvent de nous renseigner sur les multiples destinées de la pièce.

Tous les invités sont de solides colons, et d'accortes fermières à qui les travaux des champs n'ont rien enlevé de leur souplesse. Voyez ces quatre partenaires de la "gigue carrée" se tenant en équilibre sur une semelle tandis que l'autre "accorde" aux crins-crins endiablés du violonneux campé sans façon sur le coin de la table; le plaisir brille dans les yeux, mais comme ils ne sont pas inlassables, un autre couple viendra remplacer celui qui trahira le premier signe de fatigue, et déjà un candidat s'annonce en invitant gauchement une jolie brunette à "lui faire face pour la prochaine danse" au grand désarroi de son "cavalier" qu'on regarde d'un oeil narquois.

Samuel Chapdelaine, debout et la pipe aux lèvres, sourit de voir tout ce monde si heureux, tandis que la mère Chapdelaine passe aux invités une platée de délicieuses "croquignoles" toutes fraîches de la veille, et que Bébé "qui marche aujourd'hui sur ses quatre ans" observe avec admiration les pas des danseurs en attendant l'âge de les imiter.

Mais les personnages les plus intéressants, ceux sur qui l'artiste a concentré l'habileté de son crayon, sont assurément les deux couples qui causent paisiblement, l'un au premier plan et l'autre au fond de la pièce. Quel peut bien être le sujet de leurs conversations? Le sourire qui illumine leurs figures nous porte à croire que ce n'est pas la politique... et je parie même, à l'expression de la belle fille qui baisse modestement les yeux là-bas sous la question anxieuse de son voisin, que sa réponse est celle de Maria Chapdelaine à Eutrope Gagnon: "Ce sera pour le printemps d'après ce printemps-ci quand les hommes reviendront du bois pour les semailles."

Et pourtant... les idées nouvelles ont changé tout cela! La génération qui pousse a troqué ces amusements simples et sains pour les plaisirs faisandés de l'automobile et du cinéma. Plût à Dieu que cette scène délicieuse fût encore celle d'une veillée "d'aujourd'hui"!

Le temps des Fêtes

Au début du XXe siècle, l'évolution des modes vestimentaires et l'arrivée de nouvelles danses comme le "tango", inquiètent fort les évêques qui veillent sur les bonnes moeurs, non seulement au temps des fêtes, mais à longueur d'année: voici deux textes, le premier de 1914, le second de 1921, qui expriment ces préoccupations:

> Des moeurs déplorables se sont, en effet, introduites dans presque tous les pays. Elles ont pénétré chez nous. Elles envahissent jusqu'à nos excellents milieux catholiques. Les notions les plus élémentaires de la pudeur semblent complètement oubliées. L'immodestie des toilettes féminines s'accentue de plus en plus. J'avais crû d'abord que ce ne serait qu'un engoûment passager. Il n'en est rien. La mode semble régner en souveraine, dans nos campagnes presque autant que dans nos villes. Les femmes et les jeunes filles s'en font joyeusement les esclaves...
>
> En même temps que les modes excentriques et immorales, certaine danse a fait irruption dans notre société. Je n'ai pas besoin de la nommer; elle est suffisamment connue. J'ignore son origine mais elle s'est répandue dans le monde entier avec une incroyable rapidité. A coup sûr, c'est l'esprit du mal qui l'a inspirée. Il n'y a pas de mot trop fort pour flétrir comme ils le méritent ces mouvements du corps disgracieux, ces contorsions vraiment lascives, que ne sauraient permettre des personnes qui se respectent... Certains hôtels de renom, à Montréal, n'ont pas craint de s'en faire une réclame, ce qui n'est certes pas à leur honneur. (31)
>
> A l'épidémie des modes immorales il faut joindre le fléau de la danse. C'est une véritable frénésie. On danse à tout propos et hors de tout propos, chez soi, chez des amis, dans les clubs, dans les restaurants, dans les hôtels. Les soirées de famille, où jadis l'on causait, chantait, s'amusait aimablement, permettaient aux jeunes gens et aux jeunes filles de se connaître mieux et d'amorcer ainsi des unions plus heureuses. Ces soirées sont devenues trop souvent des sauteries, des bals, des réunions turbulentes, sensuelles, troublantes pour l'âme des jeunes. (32)

Vie moderne, vie en contexte urbain et industriel, tout cela modifie peu à peu les anciennes habitudes: si on en croit un observateur de 1871, Québec aurait mieux réussi que Montréal à conserver sa gaieté d'antan:

> Les journaux de Québec nous apprennent que la vieille capitale est entrée dans la saison des fêtes avec sa verve et sa gaieté ordinaires. Pendant qu'à Montréal on gèle et on s'ennuie, à Québec on s'agite, on se réchauffe et on s'amuse. Inutile pour moi de signaler les causes de cette différence entre les deux principales villes du Bas-Canada.

Le jour de l'an

Québec est une ville de traditions et de souvenirs; elle a conservé la mémoire des fêtes et des extravagances des princes et grands seigneurs qui ont vécu dans ses murs. L'exaltation et l'enthousiasme qu'ils ont soulevés sur leur passage se sont transmis; les imaginations et les caractères en ont gardé l'empreinte. Les fils et les filles de ceux et celles qui ont vécu à cette époque brillante, ont hérité de la gaieté de leurs pères et mères, si non de leur fortune; ils naissent avec l'idée d'être aimables, élégants et gracieux. Québec, d'ailleurs, est une capitale; or une capitale est une ville où il y a des ministres, des députés, des employés et des vieux garçons, tous gens portés au plaisir et à la galanterie, recherchant les faveurs et la popularité sous toutes les formes, des gens qui n'ont pas grand-chose à faire; or la paresse est la mère du plaisir. Il y a là un mode intéressé à se connaître, à s'étudier, à se surveiller ou à s'aimer; de là nécessité des réunions et des soirées, de toutes ces démonstrations, intrigues et réjouissances qui jettent la vie dans une société.

A Montréal, au contraire, ville de commerce, de chemins de fer et de fortune, on s'enferme, on se fuit, on s'évite de peur de compromettre son avenir; on passe les soirées au coin du feu à réfléchir aux moyens de faire une bonne spéculation aux dépens de son voisin, ou de se distinguer par une banqueroute splendide. Les cercles ne vont pas ordinairement au-delà des cousins germains; on veut que tout reste dans la famille. Les enfants viennent au monde avec un crayon à la main et une plume d'oie derrière l'oreille.

Les conversations roulent toujours sur des questions d'argent, de testament, d'héritage ou de mariage; on passe de grandes soirées à aligner des chiffres, à compter les écus de celui-ci, les revenus de celle-là. "Monsieur un tel veut épouser mademoiselle X!!! Quelle audace! un commis, un jeune avocat ou médecin qui n'a rien!"

Les gens qui disent cela viennent de très haut sans doute! Oui, le grand-père vendait des biscuits à la mélasse sur le marché; et le père s'est enrichi avec les retailles de ses étoffes, de ses cotons.

Loin de moi la pensée de vouloir ici faire d'injustes allusions à ces hommes précieux et utiles qui savent allier à la fortune le coeur et l'esprit, dont la richesse est un bonheur pour la société. Que la Providence nous en donne de ces hommes-là pour l'honneur, la prospérité et la conservation de notre nationalité. Non, mais je parle de cette société égoïste et ridicule qui se moque de sentiments qu'elle n'est pas digne de comprendre et dénigre ceux qui feront peut-être plus tard l'honneur d'une nationalité qu'elle abaisse. Si encore, ils se contentaient de parler, les gens d'esprit n'auraient qu'à fuir leurs salons ennuyeux en se moquant d'eux, mais non, ils font de la propagande, du prosélytisme, ils ont le pouvoir, l'influence entre les mains; ils sont dangereux.

Le temps des Fêtes

Mais je cours le risque de me laisser entraîner, si je ne me hâte pas de revenir à la question. Il n'y a donc pas de société à Montréal et il ne peut pas y en avoir, avant que la génération, qui fait son chemin à travers tant de difficultés et de misères, n'ait conquis le bien-être et l'aisance dûs à son talent, à son énergie, et que des fortunes si mal employées n'aient passé entre des mains plus intelligentes et plus généreuses.

Pour résumer la question en peu de mots, on pourrait dire ceci. A Québec les hommes ne sont pas assez gens d'affaires et les femmes sont, peut-être, trop aimables: et à Montréal c'est le contraire.

Entre ces deux extrêmes, il y aurait sans doute un moyen terme, un milieu très convenable, où les hommes sauraient allier à l'esprit d'entreprise et à la fortune les qualités du coeur et de l'esprit. Quant aux femmes... ma foi... les femmes il ne faut rien leur dire, occupons-nous de leurs maris, et tout ira bien.

L.O.D. (33)

L'on pouvait bien se douter que l'on retrouverait même en ce qui concerne le temps des fêtes, la vieille rivalité Québec-Montréal.

Les Rois

Une autre tradition qui avait cours est celle du "gâteau des Rois", dont la fève conférait à celui que le hasard avait favorisé la "majesté" pour un soir et le "pouvoir absolu" sur les autres convives, qui doivent, pour boire, attendre le bon vouloir du Roi. la **Revue populaire** de janvier 1915 le rappelle en ces termes:

"Le Roi boit!" tel est le cri joyeux qui retentit autour des tables familiales en ce jour d'Epiphanie. Et, pour saluer celui ou celle que le sort a intronisé, pour saluer aussi celui ou celle qui a été choisi comme partenaire, cette acclamation: "Le roi boit!... La Reine boit!..." vient propager dans l'assemblée l'enthousiasme nécessaire.

Mais il est des festins des Rois dont la mise en scène est un peu plus compliquée. Des fiches représentant les différents dignitaires dont doit se composer la cour du Roi et donnant chacune le quatrain qui se rapporte à chaque fonction, sont jetées pêle-mêle dans un chapeau, et le plus jeune enfant de la table est chargé de les tirer au hasard pour les distribuer aux convives. Sont ainsi nommés le Conseiller, l'Echanson, le Pannetier, le Médecin, le Musicien, le Fou, etc.

Le rôle du Fou est spécifié dans ce couplet qu'il chante, comme chacun des convives chante le sien, avant d'entrer en fonctions:

Quand le roi commence à boire,
Si quelqu'un ne disait mot,
Sa face serait plus noire
Que le fond de notre pot!

Le temps des Fêtes

Et en effet, si quelqu'un omet de crier "Le Roi boit" quand celui-ci lève son verre, le Fou, sans rien dire, s'échappe subrepticement, revient les mains barbouillées de suie, et en noircit à l'improviste la face du délinquant. Ceux qui ont été passés de la sorte au noir de fumée s'appellent les "Rois brousés". Quant à celui que le sort a désigné pour porter la couronne, il est tenu à "relever son royaume" dans le courant du mois, c'est-à-dire à réunir chez lui les invités pour un nouveau festin.

Ces repas des Rois sont toujours de la plus franche gaîté, car chaque fois qu'un des dignitaires oublie de remplir son office, c'est le fou qui le remplit à sa place avec toutes sortes de plaisantes simagrées.

Autrefois l'Epiphanie était célébrée dans les églises avec une grande pompe. Des chanoines représentaient les trois Mages. On vit même, une fois, à la cathédrale de Reims, trois souverains venir offrir l'or, l'encens et le myrrhe au prêtre officiant.

Mais le festin des Rois, tel que l'a immortalisé Jordaens, est une réjouissance profane. Il dérive des saturnales, qui duraient, dans le monde païen, de l'époque correspondant à la Noël à celle correspondant au 6 janvier. Le roi de la table était alors tiré au sort comme aujourd'hui à cette différence près qu'il portait le titre d'"'ordonnateur des repas". Ses ordonnances étaient bien faites pour égayer les invités. A qui avait petit gosier, il commandait de boire beaucoup; à qui avait pauvre estomac, il ordonnait de se gorger; à qui avait la voix grêle, il enjoignait de chanter haut; à qui avait l'estomac lourd, il intimait l'ordre de faire des mots d'esprit, et ainsi de suite.

Les anciens savaient s'amuser. Mais la vieille "gayté françoise" ne perd pas ses droits non plus. Armand Gouffé n'a-t-il pas dit plaisamment:

> *Ces bons Rois*
> *Etaient trois:*
> *Et loin d'en vouloir rabattre,*
> *Moi, je mange comme quatre*
> *Et comme quatre je bois.*

Et puis, cette fête des Rois présente un avantage que n'offrent pas les autres divertissements: elle entretient l'Illusion qui est encore le meilleur réconfort qu'on ait trouvé contre les tracas de la vie. Grâce à la fève, le plus pauvre peut réaliser son rêve le plus ambitieux. Car, comme l'a dit Béranger:

> *A l'espoir du rang le plus beau*
> *Point de coeur qui ne s'abandonne;*
> *Nul n'est content de son chapeau,*
> *Chacun voudrait une couronne.....(34)*

LES ROIS.—D'après un dessin inédit de M. Lecoultre.

Le Monde Illustré, 11 janvier 1902.

On accueille un visiteur pour le repas des Rois.

Le Samedi, 4 janvier 1890.

LES ROIS EN FAMILLE. — " LE ROI BOIT ! "

Le Monde Illustré, 5 janvier 1889.

On trinque à la santé du roi d'un soir; ailleurs une mendiante reçoit un morceau de "gâteau des Rois".

Le temps des Fêtes

La fête des Rois inspire elle aussi le poète et le chansonnier; le **Monde Illustré** de janvier 1887 y participe à sa façon:

Béranger a voulu aussi fêter la fête des Rois, dans sa chanson intitulée le Roi de la Fève.
Grâce à la fève, je suis roi.
Nous le voulons, versez à boire,
Calmes sujets couronnez-moi,
Et qu'on porte envie à ma gloire,
A l'espoir du rang le plus beau,
Point de coeur qui ne s'abandonne
Nul n'est content de son chapeau
Chacun voudrait une couronne.

Un roi sur son front obscurci
Porte une couronne éclatante;
Le pâtre a sa couronne aussi,
Couronne de fleurs qui me tente.
A l'un le ciel la fait payer;
Mais au berger l'amour la donne;
Le roi l'ôte pour sommeiller
Colin dort avec sa couronne.

Le Français, poète et guerrier
Sert les muses et la victoire.
Le front ceint d'un double laurier,
Il triomphe et chante gloire.
Quand du rang qu'il doit occuper
Il tombe, trahi par Bellone,
Le sceptre lui peut échapper,
Mais il conserve sa couronne.

Belles, vous portez à quinze ans,
La couronne de l'innocence;
Bientôt viennent les courtisans;
Comme les rois on vous encense.
Comme eux de pièges séducteurs
L'artifice vous environne;
Vous n'écoutez que vos flatteurs
Et vous perdez votre couronne,

Perdre une couronne! à ces mots
Chacun doit penser à la sienne.
Je n'ai point doublé les impôts;
Je n'ai point de noblesse ancienne;
Mon peuple, buvons de concert!
La place me paraît si bonne!
N'allez pas, avant le dessert,
Me faire abdiquer ma couronne. (35)

Les Rois

Les Rois, peut-être parce qu'ils allongeaient d'une autre semaine le temps des fêtes, eurent vite tendance à être moins célébrés, et à voir disparaître les traditions qui s'y rattachaient:

Conservez les traditions

PUDDING ET GALETTE

Par le Bonhomme Chrysale

Allez-vous tirer les Rois? Il me paraît que cette fête traditionnelle et séculaire est chômée, aujourd'hui, avec moins d'entrain, et surtout moins de naïveté, qu'elle ne l'était dans ma jeunesse.

En ce temps-là, - et mon Dieu, je ne suis pas encore aussi âgé que Mathusalem, - la date du 6 janvier donnait lieu à des réjouissances bien agréables; elle évoque, au fond de ma mémoire, un repas de famille, des frimousses rangées autour de la vaste table et pétillantes de joie, la tête blanche d'une grand'mère adorée, des mets succulents, une énorme dinde bourrée de marrons, une crème au caramel, des pots de confiture, et surtout une galette, la galette chaude, croustillante, feuilletée, qui renfermait dans ses flancs la fève royale.

Car on y mettait alors une fève, une vraie fève, et non la petite poupée en porcelaine par laquelle on s'avisa, plus tard, je ne sais trop pourquoi, de la remplacer...

Quand un des convives l'avait trouvée sous sa dent, quelle explosion d'allégresse! Il levait son verre...

Le roi boit! Le roi boit!

Il se choisissait une reine et courait l'embrasser...

— La reine boit! La reine boit!

Le champagne pétillait, les langues se déliaient. On oubliait les efforts de la veille, les soucis du lendemain. On se sentait heureux... Et je ne prétends pas dire que la jeunesse soit devenue maussade ou mélancolique. Les éclats de rire qui s'égrènent, en ce moment, près de moi, témoignent du contraire.

Mais il me semble qu'elle ne s'amuse pas de la même façon, qu'elle se crée des plaisirs nouveaux, qu'elle tend à délaisser les vieux usages. Et, cela, je le regrette. Ils ont une grâce qui me touche infiniment: je goûte avec une extraordinaire vivacité le charme de ces choses anciennes et vénérables qui nous rattachent au passé; je voudrais qu'elles fussent dévotement conservées.

Tenez, hier, je relisais dans le "Mercure Galant" de 1684, la relation, par Legrand d'Aussy, de la soirée du 6 janvier à Versailles. La salle principale du palais avait cinq tables: une pour les princes et les seigneurs et quatre pour les dames.

"La première de celles-ci était tenue par le roi, la seconde par le dauphin. On tira la fève à toutes les cinq. Le grand écuyer fut roi à

la table des hommes; aux quatre tables des femmes, la reine fut une femme. Alors, le roi et la reine se choisirent des ministres chacun dans leur petit royaume et nommèrent des ambassadrices ou ambassadeurs pour aller féliciter les puissances voisines et leur proposer des alliances et des traités.

"Louis XIV accompagna l'ambassadrice députée par la reine. Il porta la parole pour elle, et, après un compliment gracieux au grand écuyer, il lui demanda sa protection, que celui-ci promit, en ajoutant que, s'il n'avait point une fortune faite, il méritat qu'on la lui fît. La députation se rendit, ensuite, aux autres tables, et, successivement, les députés de celles-ci vinrent de même à Sa Majesté. Quelques-uns même d'entre eux, hommes et femmes, mirent dans leurs discours et dans leurs propositions d'alliance tant de finesse et d'esprit, des allusions si heureuses, des plaisanteries si adroites, que ce fut pour l'assemblée un véritable divertissement."

Je vous résume la suite du récit. Le marquis de Dangeau fut chargé du soin de porter le toast aux reines du gâteau, qui étaient Mlle de Rambures, pour la première table; Mlle de Gontaut, pour la deuxième table.

Louis XIV prit, paraît-il, un tel plaisir à cette fête, qu'il voulut la recommencer huit jours après. Cette fois, la fève du gâteau de sa table lui échut. Une princesse, qui lui tenait par les liens du sang, lui fit alors demander sa protection en toute éventualité et cela pour le reste de ses jours.

— Je la lui promets, répondit le roi, pourvu que les événements fâcheux qu'elle veut prévenir ne soient pas attirés par elle.

Le dîner prit fin, à la table des hommes, par l'introduction d'un personnage du Carnaval qu'on promena par les salles en le saluant de refrains comiques.

Si cette aimable habitude étaient tenue en honneur à la Cour, elle ne l'était pas moins chez les plus humbles sujets du royaume. Nous ne pouvons rechercher ici les modes divers qu'on avait de fêter les Rois dans les provinces. Une des plus antiques coutumes, et la plus généralement répandue, est celle indiquée par Pasquier dans ses recherches sur l'histoire de notre pays:

"Le gâteau coupé en autant de parts qu'il y a de convives, on met un petit enfant sous la table, lequel le maître interroge sous le nom de Phébé (Phébé ou Apollon), comme si ce fût un enfant qui, en l'innocence de son âge, représentât l'oracle d'Apollon. A cet interrogatoire, l'enfant répond d'un mot latin:"Domine" (seigneur, maître). Sur cela, le maître l'adjure de dire à qui il distribuera la portion du gâteau qu'il tient en sa main, l'enfant le nomme ainsi qu'il lui tombe en la pensée, sans acception de la dignité des personnes, jusqu'à ce que la part soit donnée où est la fève. Celui qui l'a est réputé roi de la compagnie, encore qu'il soit

moindre en autorité. Et, ce fait, chacun se déborde à boire, manger et danser."

Cette dernière mise en scène est un peu bien compliquée; du moins, aurait-on pu en garder quelque vestige. Presque rien n'en est demeuré. Si, d'aventure, la galette ornée de sa fève nous est servie, on la grignote sans pitié, du bout des lèvres, d'un air à demi dédaigneux... On ne croit plus aux vertus spirituelles de l'Epiphanie; on n'en aperçoit plus le côté symbolique et touchant. Je souhaiterais que l'on continuât d'en aimer la poésie.

Méditez l'exemple des Anglais, la fidélité, la tendresse, qui les lient à la célébration, dans les formes usitées, des solennités intimes de Christmas. Les habitants du Royaume-Uni se feraient hacher en morceaux plutôt que de renoncer à manger, le jour de Noël, une tranche de pudding national. Le pudding leur est aussi cher que la fameuse abbaye, panthéon de leurs grands hommes. Ce sont des conservateurs. Nous sommes des iconoclastes. Nous ne respectons pas plus nos vieilles moeurs que nos vieilles rues. C'est dommage. Réagissez contre cette barbare indifférence.

Tirez, mes amis, tirez les Rois!

Dans ses **Chroniques du lundi**, celle du 11 janvier, Françoise nous a laissé ce récit de ses mésaventures dans un tramway, le jour des Rois de 1892:

Est-ce l'hiver enfin qui vient de nous arriver? Il est tombé de la neige, il est vrai, mais ne pourrait-elle pas disparaître bientôt comme celle qui l'a précédée?

Espérons que non, toutefois, et que de nouveaux flocons viendront bientôt rejoindre les autres, pour couvrir la terre d'une bonne croûte glissante et dure.

Cela nous fera des chemins passables et on saura définitivement à quoi s'en tenir sur le genre de véhicule dont il faudra se servir. La semaine dernière encore, on essayait, le matin, les voitures sur les patins; à midi, on les mettait sur des roues, et ni les unes, ni les autres, en réalité ne remplissaient l'office.

Ce qui portait chacun à désirer l'arrivée de l'hiver, un vrai hiver canadien, comme nous y sommes habitués, avec ses froidures, ses frimas, ses neiges, et son atmosphère pure, exhilarante, débarrassée de miasmes norbifiques, de microbes de grippe et de fièvre.

Ceux qui doivent être contents d'avoir de meilleurs chemins, ce sont les chevaux.

Surtout ceux des tramways. Pauvres bêtes, qu'elles sont à plaindre et comme elles me font de la peine!

M. Arthur Buies disait que les chiens de Tadoussac étaient si maigres qu'ils s'appuyaient sur les clôtures pour aboyer; je soutiens qu'il faudrait également des poteaux pour y laisser, de temps en temps, les chevaux d'omnibus s'y reposer. Vous les voyez partout maigres à faire peur, suant, haletant et n'en pouvant mais.

Je croyais que les cochers avaient un peu d'affection pour leurs bêtes, mais l'exception à cette règle existe pour les cheveaux des chars urbains, qui sont, sans doute, les parias de la race chevaline Les mauvais traitements ne leur sont pas ménagés. Là où il devrait y en avoir quatre, six, vous n'en voyez que deux, le poil toujours noyé de sueurs, une épaisse buée les enveloppant, et l'aspect si misérable que vous éprouvez comme un remords, d'ajouter le poids de votre personne au fardeau déjà trop lourd qu'ils traînent derrière eux.

Mercredi dernier, jour des Rois, je prenais le tramway de la rue Saint-Denis. La foule revenait de la grand'messe à Notre-Dame et commençait à remplir l'omnibus.

Malgré les proportions modestes du véhicule, tous ceux qui ont voulu entrer ont été acceptés. Je crois qu'on aurait volontiers essayé d'y loger Notre-Dame, et nous étions tous là, empilés les uns sur les autres, assis, debout, suspendus aux lanières de cuir, accrochés partout, garnissant tous les espaces possibles et impossibles.

— All right! cria le conducteur en tirant sur le cordon de la clochette.

On entendit au dehors le claquement strident du fouet qui s'abat puis, un silence.

Rien ne bougeait.

— All right! cria de nouveau le conducteur qui feint de croire que le signal du départ n'a pas été entendu.

Mais il s'agit bien de cela. Les rues, mi glace, mi asphalte, sont impraticables et les chevaux, — deux seulement — misérables spécimens de l'espèce, efflanqués, rompus, fourbus, mal ferrés, après de pénibles efforts sont incapables d'enlever la voiture.

Rien n'y fait, ni les coups de fouet qu'on ne leur ménage pas, ni les cris de l'automédon, et nous y serions probablement encore, si plusieurs passagers n'eussent pris le parti le plus sage, celui de descendre et de soulager ainsi le char qui commença alors à glisser, en grattant péniblement le pavé.

Quel trajet! Lentement, comme défilerait un corbillard, on avançait; le conducteur à pied conduisait le deuil.

A chaque minute, l'on était arrêté.

— Allons, disaient quelques bonnes âmes, il faut donner aux chevaux une petite chance!

Comme j'étais anxieuse de savoir ce que l'on entendait par cette "petite chance", je penchai la tête pour regarder au-dehors et je vis cinq ou six hommes qui poussaient le tramway par en arrière.

Malheureusement, ils ne pouvaient le pousser tout le long du chemin; en plein milieu de la côte Saint-Denis, les chevaux s'arrêtèrent net, et bien des femmes commencèrent à pousser des petits cris d'effroi. En effet, s'il n'y avait pas eu tant de terre et de cailloux pour entraver notre descente, nous roulions jusqu'en bas et Dieu sait dans quel état nous serions arrivés de l'autre côté.

On a beau avoir la conscience pure, personne ne songe, en prenant place, à faire le grand voyage, même pour la modique somme de cinq sous.

Moi, surtout, qui, depuis ce que m'en a dit mon rédacteur en chef, ai constamment devant les yeux, le sort réservé dans l'autre monde, aux personnes qui s'occupent de journalisme, "dans la sixième chaudière à gauche", je tremblais de tous mes membres.

Nous en fûmes quittes pour la peur, et en arrivant à destination, nous avons pu constater qu'il y avait juste une heure et quart que nous avions laissé les coins des rues Saint-Denis et Craig.

Pour revenir, ce fut une autre histoire. Un des chevaux s'était abattu près de la pharmacie Baridon. Au lieu de l'aider à se relever, on l'a roué de coups, et le coeur me fait encore mal quand je pense aux efforts désespérés du pauvre quadrupède pour se remettre sur ses jambes et retombant lourdement sur l'asphalte glacée, sans y parvenir.

Pendant ce temps, les passagers maugréent et s'indignent non sans raison. Tous, avec une unanimité touchante, blâment la compagnie, les directeurs, les conducteurs. Ceux-ci, qui, pour être conducteurs n'en sont pas moins des hommes, c'est-à-dire, pas trop patients, ripostent à leur tour, pas toujours de la façon la plus polie du monde et envoient promener leurs censeurs chez le diable bien avant le temps.

Je vous laisse à juger si tout cela est aimable pour les dames forcément devenues les témoins de cet échange d'aménités.

Pour éviter ces désagréments, il faudrait que les Montréalais exigeassent par l'entremise de leurs édiles:

Quoi?

Les tramways électriques. (37)

Conformément au voeu de Françoise, Montréal ne devait pas attendre longtemps les "tramways électriques" qui reléguèrent aux oubliettes les chevaux, puisque les premiers circuleront à Montréal en septembre 1892, quelques mois plus tard.

Peu à peu, à mesure que progressa l'industrialisation et que s'accéléra le rythme de vie, les rites et les coutumes jadis bien ancrés dans le mode de vie rural et pré-industriel s'estompèrent, ne correspondant plus aux nouvelles conditions de vie de la majorité des gens; ce sont toujours en effet les conditions de travail qui déterminent le cadre général qui s'offre aux loisirs, et les formes particulières de réjouissances qui sont celles d'une culture donnée. Hors de leur contexte, ces traditions ne sont plus que folklore, souvenirs et objets de nostalgie:

Le temps des Fêtes

Ah! nos traditions.

Combien de nos joyeuses petites traditions du temps des fêtes se perdent. D'année en année, on les voit s'en aller à vau-l'eau une à une, ou bien, quand elles ne disparaissent pas tout à fait, elles sont tellement modifiées qu'on a toutes les peines du monde à les reconnaître. Les progrès de la Science sont évidemment pour beaucoup dans cet effacement du côté poétique de notre vie sociale, mais il y a aussi le snobisme qui nous fait sacrifier tant d'antiques coutumes dont nous avons honte souvent, pour en adopter de plus modernes.

Naguère, les fêtes, c'était une joyeuse période qui commençait la veille de Noël et se terminait le soir des Rois. C'était le jour de l'an qui, au milieu de cette période, était le jour marquant, le principal. Le jour de Noël revêtait le côté mystique et tout religieux de cette décade. Du côté social, il ne comptait guère. Le jour de l'an était pour le Canada français, la véritable fête sociale de la nation.

On a considérablement modifié cet état de choses et on a adopté la coutume anglaise de prendre le jour de Noël comme fête sociale de l'année. Notre jour de l'an compte encore un peu pour les enfants seulement: pour les grandes personnes à peu près pas. C'est presque, en général, un jour ordinaire. On a remarqué cette modification surtout dans les villes. C'est plutôt à Noël à présent, que s'échangent les étrennes, que se donnent les dîners de famille. L'arbre de Noël, pour les enfants des villes, a remplacé le bas du jour de l'an.

Les cartes de bons souhaits, simples bristols avec son nom ou orgueuilleuses cartes somptueusement coloriées et portant en larges gothiques vos souhaits imprimés d'avance, s'adressent à Noël. On dirait que dans notre siècle de "bougeotte", on est pressé de se souhaiter la bonne année, de se débarrasser de cette corvée, et l'on s'y prend huit jours à l'avance.

Bref, une fois passée la Noël, dans nos villes, c'est à peine s'il reste assez de petites manifestations du temps des fêtes pour penser au jour de l'an et, à plus forte raison à celui des Rois, alors qu'autrefois, le traditionnel gâteau à la fève et au pois donnait lieu à tant de joyeuses veillées. Aujourd'hui parfois dans de rares familles, on achètera chez le confiseur un gâteau dit des Rois qu'on mangera simplement comme dessert au souper de la famille.

Il est heureux cependant que dans nos campagnes, l'on ait conservé plus intactes les aimables petites traditions du jour de l'an, sans cela la tradition générale serait reléguée aux vieilles lunes.

Quant à la messe de minuit de Noël, il faut aujourd'hui aller bien loin dans nos campagnes pour en retrouver la poésie d'antan. Nos messes de minuit dans les villes, sont devenues des concerts sacrés. C'est à peine si, parfois, à un moment de la cérémonie, l'on entendra les échos d'un de nos anciens, naïfs et si doux cantiques d'autrefois. Il faut se contenter de les entendre encore chanter dans nos souvenirs d'enfance.

Et la Science, naturellement, n'a pas manqué de venir fourrer son nez dans ce désordre de nos traditions. Ce ne sont plus les grelots tintinnabulant dans la froidure et la neige des routes conduisant à l'église qui se font entendre à l'heure de la messe de minuit: ce sont les cornes des automobiles qui font concurrence au doux bruit des cloches appelant les fidèles à la sainte cérémonie de la grande et solennelle nuit de la Nativité. (38)

La ville, lieu de regroupements anonymes, impose à ses habitants de nouvelles formes de sociabilité et de célébrations dans lesquelles la famille ne joue plus un rôle principal. Le temps des fêtes doit donc s'adapter à son nouveau contexte urbain et aux horaires de travail des industries, qui ne permettent plus des festivités qui s'étalent sur plusieurs semaines consécutives. C'est le passage rapide d'une société majoritairement rurale à une autre de plus en plus urbaine qui explique en grande partie la nostalgie qu'expriment ceux qui évoquent les Noëls campagnards de leur enfance; mais s'il est impossible d'effectuer un retour en arrière vers les premières années de sa vie, il est tout aussi impossible de retrouver les formes de fêtes qui les marquèrent, et peu importe l'époque, il y a fort à parier que pour tous, les Noëls de notre enfance resteront toujours des souvenirs à l'égard desquels les Noëls d'aujourd'hui ne font que pâle figure et faible résonnance...

> *... je fus effrayé de penser que c'était bien cette sonnette qui tintait encore en moi, sans que je pusse rien changer aux criaillements de son grelot (...) Pour tâcher de l'entendre de plus près, c'est en moi-même que j'étais obligé de redescendre. C'est donc que ce tintement y était toujours, et aussi, entre lui et l'instant présent, tout ce passé indéfiniment déroulé que je ne savais que je portais.*
> Marcel Proust
> Le Temps retrouvé.

Références

Introduction ————————————————————————————————

1. Lemay, Pamphile, **Fêtes et corvées**, Roy éditeur, Lévis, 1898, p. 5-6.

2. Jacquot, J., **Les Fêtes de la Renaissance**, Quinzième colloque international d'études humanistes, Editions C.N.R.S., Paris, 1975, p. 8.

Chapitre premier ————————————————————————————

1. Cartier, Jacques, **Voyages en Nouvelle-France**, Hurtubise HMH, Montréal, 1977, p. 60. (Nous utiliserons toujours cette édition des Voyages de Cartier.)

2. Cartier, Jacques, p. 89.

3. Cartier, Jacques, p. 96.

4. Cartier, Jacques, p. 100.

5. Cartier, Jacques, p. 106.

6. Cartier, Jacques, p. 111.

7. Cartier, Jacques, p. 117.

8. Cartier, Jacques, p. 118.

9. Myrand, Ernest, **Une Fête de noël sous Jacques Cartier**, Demers, Québec, 1890.

10. Myrand, Ernest, p. 94.

11. Myrand, Ernest, p. 115-116.

12. Cartier, Jacques, p. 112.

13. Cartier, Jacques, p. 121. L'on sait maintenant que cet arbre est le cèdre blanc dont les feuilles sont riches en vitamine "C".

14. Cartier, Jacques, p. 131. Le navire laissé à Sainte-Croix est "La petite Hermine".

15. Cartier, Jacques, p. 144.

16. Cartier, Jacques, p. 146.

17. C'est l'explication donnée dans le **Voyage de Roberval au Canada (1542-1543)**, cité par Julien, Charles-André, **Les Français en Amérique pendant la première moitié du XVIe siècle**, P.U.F., Paris, 1946, p. 202.

18. Roberval, p. 203-204.

19. Roberval, p. 204.

20. Champlain, S. de, **Oeuvres de Champlain**, Editions du Jour, Montréal, 1973, vol. II, p. 698. (Nous citerons toujours cette édition.)

21. Champlain, vol. II, p. 699.

22. Champlain, vol. I, p. 303.

23. Champlain, vol. I. p. 304-305.

24. Champlain, vol. I, p. 320.

25. Lescarbot, Marc, **Histoire de la Nouvelle-France**, Tross, Paris, 1866, vol. III, p. 598.

26. Lescarbot, Marc, vol. II, p. 553-554.

27. Champlain, vol. I, p. 355.

28. Champlain, vol. I, p. 355-356.

29. Champlain, vol. I, p. 390-391-392-393.

30. Champlain, vol. III, p. 990.

31. Trudel, Marcel, **Histoire de la Nouvelle-France: Le Comptoir 1604-1627**, Fides, Montréal, 1966, p. 430.

32. Sagard, Gabriel, **Histoire du Canada et Voyages que les frères mineurs Récollets y ont faits pour la conversion des infidèles**, Librairie Tross, Paris, 1866, Tome I, p. 221.

33. **Relations des Jésuites**, (en trois volumes), Côté, Québec, 1858, vol. I, 1636, p. 56. (Nous citerons toujours cette édition sauf indication).

34. **Relations**, vol. 2, 1642, p. 37.

35. **Relations**, vol. 2, 1643, p. 52.

36. **Relations**, vol. 2, 1643, p. 52-53. L'on peut lire aussi "La croix de Maisonneuve" dans Lionel Groulx, **Notre Maître le passé**, Action Française, Montréal, 1924, p. 20 à 24.

37. "Les véritables motifs de Messieurs et dames de la société de nostre-Dame de Montréal pour la conversion des sauvages de la Nouvelle-France", cité par Léo-Paul Desrosiers dans **Paul de Chomedey Sieur de Maisonneuve**, Fides, Montréal, 1967, p. 69.

38. **Relations**, vol. 2, 1645, p. 16.

39. **The Jesuite Relations and alleid documents**, 1610-1791, Thwaites, Cleveland, 1900, vol. LVII, 1672-1673, p. 92.

40. **The Jesuite Relations**, vol. LXI, 1679, p. 112.

41. **Journal des Jésuites**, Editions François-Xavier, Montréal, 1973, décembre 1645, p. 18-19.

42. **Relations**, vol. 1, 1639, p. 74.

43. **Journal des Jésuites**, décembre 1645, p. 20-21.

44. **Mandements, Lettres pastorales et circulaires des évêques de Québec**, Côté, Québec, 1887, tome I, 1681, p. 107-108.

45. **Journal des Jésuites**, décembre 1659, p. 270.

46. **Journal des Jésuites**, janvier 1646, p. 29.

47. **Mandements**, 1682.

48. **Journal des Jésuites**, janvier 1660, p. 273.

49. **Journal des Jésuites**, décembre 1645, p. 21.

50. **Journal des Jésuites**, décembre 1645, p. 21.

51. **Journal des Jésuites**, décembre 1646, p. 74.

52. **Journal des Jésuites**, décembre 1645, p. 23.

53. **Journal des Jésuites**, décembre 1662, p. 315.

54. **Journal des Jésuites**, décembre 1657, p. 228-229.

55. **Journal des Jésuites**, janvier 1662, p. 305.

56. **Relations**, vol. 2, 1646, p. 23.

57. **Journal des Jésuites**, décembre 1645, p. 22.

58. **Journal des Jésuites**, janvier 1646, p. 25.

59. **Journal des Jésuites**, janvier 1646, p. 24.

60. **Journal des Jésuites**, janvier 1662, p.304.

61. **Journal des Jésuites**, décembre 1659, p. 269.

62. **Journal des Jésuites**, janvier 1661, p. 290.

63. **Journal des Jésuites**, janvier 1646, p. 24-25.

64. **Journal des Jésuites**, janvier 1647, p. 75-76.

65. **Journal des Jésuites**, janvier 1649, p. 119-120.

66. **Journal des Jésuites**, décembre 1648, p. 118-119.

67. **Journal des Jésuites**, janvier 1650, p. 132.

68. **Correspondance de Marie de l'Incarnation**, Abbaye Saint-Pierre, Solesme 1971, 1er septembre 1651, p. 408-409. Les Ursulines subirent un second incendie le 20 octobre 1686, incendie qui provoqua des fêtes de noël assez mémorables:

"Les huit Ursulines restées dans la maison de Mme. de la Peltrie, avaient eu la consolation de pouvoir entendre journellement la sainte messe, dans une chapelle dressée dans leur petite demeure; mais quand les vingt-huit religieuses s'y furent réunies, la chose n'était plus praticable, et nos lectrices ne seront pas peu surprises, quand elles sauront qu'il n'y eut pas d'autre alternative que d'approprier le mieux possible, un très-petit bâtiment qui avait autrefois servi d'étable. "Ce fut là que Notre-Seigneur voulut renouveler le mystère de la nativité, prenant tous les jours une nouvelle naissance au St. Sacrement, dans un pauvre lieu qui avait servi d'étable, et qui pour lors devint chapelle et choeur, et le fut pendant plus de dix-huit mois."

Ce misérable réduit, qui présentait tant de ressemblance avec l'étable de Bethléem, servit deux fois à la célébration des fêtes de Noël.

(**Les Ursulines de Québec depuis leur établissement jusqu'à nos jours**, Darveau Québec, 1863, t. 1, p. 445.)

69. **Journal des Jésuites**, janvier 1651, p. 147.

70. **Relations**, vol. 3, 1665, p. 22-23-24.

71. **Journal des Jésuites**, décembre 1646, p. 75.

72. **Les Ursulines de Québec**... Tome I, p. 317-318.

73. **Journal des Jésuites**, février 1647, p. 78.

74. **Mandements**, Tome I, Janvier 1694, p. 303.

75. **Mandements**, Tome I, Janvier 1694, p. 305.

76. **Mandements**, Tome I, Janvier 1694, p. 306 et 308.

77. **Jugements et délibérations du Conseil souverain de la Nouvelle-France**, Québec, 1885-1891, vol. III, p. 885.

78. Lettre de M. de Lamothe Cadillac, 28 septembre 1694, dans **Rapport de l'archiviste de la province de Québec**, 1923-1924, p. 87.

79. **Rituel du Diocèse de Québec**, Langlois, Paris 1703, p. 10.

80. **Mandements**, vol. II, 28 octobre 1793, p. 463.

81. **Mandements**, vol. I, 1685, p. 169-170.

82. **Mandements**, vol. I, 1685, p. 170.

83. **Mandements**, vol. I, 1685, p. 170.

84. **Mandements**, vol. I, 1685, p. 171.

85. **Mandements**, vol. I, 1685, p. 172.

86. **Journal des Jésuites**, février 1667, p. 353.

87. **Mandements**, vol. I, février 1691, p. 279.

Chapitre second ───

 1. Kalm Pehr, **Voyage de Pehr Kalm au Canada en 1749**, Cercle du livre de France, Montréal, 1977, p. 316 à 318. (Sauf avis contraire, nous citerons cette édition.)

 2. Kalm, Pehr, **Voyage, dans Mémoires de la Société Historique de Montréal**, Berthiaume, Montréal, 1880, p. 54 à 56.

 3. Kalm, Pehr, p. 426-427.

 4. Kalm, Pehr, p. 199.

 5. Kalm, Pehr, p. 189.

 6. Kalm, Pehr, p. 184.

 7. **Mandements**, tome II, 24 novembre 1744, p. 40-41.

 8. Bégon, Elizabeth, **Correspondance**, dans **Rapport de l'archiviste de la Province de Québec**, 1934-1935, 18 décembre 1748, p. 17.

 9. Bégon, E., 27 décembre 1748, p. 21.

10. Bégon, E., 28 décembre 1748, p. 21.

11. Kalm, Pehr, p. 441.

12. Bégon, E., 19 janvier 1749, p. 29.

13. Bégon, E., 21 janvier 1749, p. 29.

14. Bégon, E., 21 janvier 1749, p. 29.

15. Bégon, E., 29 janvier 1749, p. 31-32.

16. Bégon, E., 26 janvier 1749, p. 31.

17. Bégon, E., 27 janvier 1749, p. 31.

18. Bégon, E., 30 décembre 1748, p. 22.

19. Bégon, E., 30 décembre 1748, p. 22.

20. **Les Ursulines de Québec depuis leur établissement jusqu'à nos jours**, Darveau, Québec, 1863, Tome II, p. 299.

21. Frégault, Guy, **Histoire de la Nouvelle-France, la guerre de la conquête**, Fides, Montréal, 1975, p. 227.

22. Lettre de Daine à Maras, 19 mai 1758; cité par Guy Frégault, op. cit. p. 292.

23. **London Magazine**, décembre 1758. Voir aussi janvier 1759; cité par Guy Frégault, op. cit., p. 327-328.

24. Lettre de Montcalm à Lévis, 4 janvier 1759; cité par Guy Frégault, op. cit., p. 329.

25. **Gazette de France**, 1er décembre 1759, p. 605.

26. Murray, James, **Journal of the Siege of Québec 1760**, Middleton, Dawson, Québec, 1871, 31 décembre 1759, p. 15.

27. **London Magazine**, 1759, préface, p. 1. Cité par Guy Frégault, op. cit., p. 355.

28. Murray, James, 12 janvier 1760, p. 17.

29. Murray, James, **Journal**, 19 janvier 1760, p. 17.

30. Murray, James, **Journal**, 6 décembre 1759, p. 13.

31. Murray, James, **Journal**, 15 décembre 1759, p. 14.

32. Murray, James, **Journal**, 28 novembre 1759, p. 12.

33. Knox, John, **An Historical Journal of the Campains in North America**, Champlain Society, Toronto, 1914, p. 312.

34. Lettre de Vaudreuil, 29 juin 1760. Cité par Guy Frégault, op. cit., p. 379.

35. Galarneau, Claude "La vie culturelle au Québec" dans **L'Art du Québec au lendemain de la Conquête (1760-1790)**, Musée du Québec, 1977, p. 89.

36. Gray, Hugh, **Letters from Canada written during a residence there in the years 1806, 1807 and 1808**, Longman, Hurst, Rees and Orme, London, 1809, reproduit par Coles, Toronto, 1971, p. 270.
(Nous donnerons toujours notre propre traduction française de ce texte.)

37. Anburey, Thomas, **Voyages dans les parties intérieures de l'Amérique, pendant le cours de la dernière guerre; par un Officier de l'Armée Royale**, tome 1, Briand, Paris, 1790, p. 127.

38. Brooke, Frances, **Voyage dans le Canada ou Histoire de Miss Montaigu**, Colin, Paris, 1809, p. 261, lettre datée du 1er janvier.

39. Weld, Isaac, **Voyage au Canada, dans les années 1795, 1796 et 1797**, t. II, Gérard, Paris, p. 116.

40. Lambert, John, **Travels through Canada and the United States of North America in the years 1806, 1807, 1808**, Cradoch and W. Joy, Londres, 1813, vol. I, p. 279, (Nous citons notre traduction.)

41. Lambert, John, p. 282.

42. Lambert, John, p. 312.

43. **Mandements, lettres pastorales et circulaires des Evêques de Québec**, vol. II, avril 1790, p. 413.

44. **Mandements...** vol II, avril 1791, p. 438.

45. **Mandements...** vol. II, octobre 1793, p. 463.

46. Lambert, John, p. 338.

47. Weld, Isaac, p. 116-117.

48. Sansom, Joseph, **Travels in Lower Canada with the author's recollections of the soil and aspect; the morals, habits and religious institutions of that Country**, Phillips, London, 1820; reproduit par Coles, Toronto 1970, p. 39. (Nous donnerons toujours notre propre traduction française de ce texte).

49. Anburey, Thomas, p. 124-125.

50. Simcoe, Mrs, **Siary of Mrs John Graves Simcoe, wife of the first Lieutenant Governor of the Province of Upper Canada, 1792-1796**, Briggs, Toronto, p. 69. (Nous citons notre propre traduction).

51. Anburey, Thomas, p. 122-123.

52. Brooke, Frances, p. 262-263.

53. Landmann, Col, **Adventures and Recollections**, London 1852, p. 239-240. (Nous citons notre propre traduction).

54. Talbot, Ed. Allen, **Cinq années de séjour au Canada**, t. 2, Paris, 1825, p. 246-147.

55. Hériot, George, **Travels through the Canadas containing a description of the picturesque scenery on some of the rivers and lakes: with an account of the productions, commerce and inhabitants of those provinces**, Richard Phillips, Londres 1807, reproduction Coles, Toronto 1971, p. 269. (Nous donnons toujours notre propre traduction française de ce livre).

56. Gray, Hugh, p. 247.

57. Anburey, Thomas, p. 118-119.

58. Anburey, p. 120.

59. Gray, Hugh, p. 125.

60. Anburey, Thomas, p. 120.

61. Weld, Isaac, p. 117-118.

62. Brooke, Frances, p. 257-258.

63. Weld, Isaac, p. 118.

64. Landmann, col. p. 265.

65. Landmann, col., p. 269.

66. Anburey, Thomas, p. 121.

67. Anburey, Thomas, p. 121-122.

68. Anburey, col., p. 237.

69. Hériot, George, p. 74.

70. Landmann, col., p. 257.

71. Gray, Hugh, p. 256.

72. Heriot, George, p. 257.

73. Sansom, Joseph,, p. 39.

74. Anburey, Thomas, p. 127.

75. Simcoe, Mrs, p. 78-79.

76. Landmann, col., p. 281.

77. Hughes, Thomas, **A Journal**, p. 138.

78. Lambert, John, p. 298-299.

79. Talbot, Ed. Allen, p. 242.

80. Weld, Isaac, p. 36.

81. Lambert, John, p. 274-275.

82. Weld, Isaac, p. 64-65.

83. Weld, Isaac, p. 161 à 163.

84. Lambert, John, p. 150 et 173.

85. Heriot, George, p. 254-255.

86. Sansom, Joseph, p. 74-75.

Chapitre troisième

1. **La Revue Canadienne**, 20 décembre 1845, p. 191.
   Les événements politiques déplorables auxquels l'article fait référence sont les luttes contre Metcalfe pour l'obtention d'un gouvernement responsable, sous l'Union, luttes qui mèneront à l'incendie du parlement en avril 1849.

2. **La Presse**, 22 décembre 1903, p. 1.

3. **La Presse**, 21 décembre 1920, p. 1.

4. **La Presse**, 24 décembre 1920, p. 8.

5. **Le Monde**, 27 décembre 1890, p. 1.

6. Françoise, **Chroniques du lundi de Françoise**, 30 décembre 1895, p. 323 à 325.

7. **Le Devoir**, 23 décembre 1922, p. 1.

8. Roy, Camille, **Propos Canadiens**, Action Sociale, Québec 1912, p. 59 à 68.

9. Hémon, Louis, **Maria Chapdelaine**, chap. IX.

10. **Le Devoir**, 30 décembre 1922, p. 9.

11. Fréchette, Louis, **Contes I: La Noël au Canada**, Fides, Montréal, p. 99 à 104.

12. Françoise, **Chroniques du lundi de Françoise**, 19 décembre 1892, p. 99 à 103.

13. **La Presse**, 14 décembre 1894, p.

14. **La Revue Populaire**, décembre 1929, p. 71.

15. **La Presse**, 23 décembre 1916, p. 2.

16. Francoeur, Roger "Noël Rouge" dans **La Revue Populaire**, décembre 1914, p. 3.

17. Tiré de la **Gazette de Québec**, 1799; cité par Sulte, Benjamin, "Les couplets du Jour de l'An", **Revue Canadienne**, t. 6, 1869, p. 11.

18. Aussi cité par Sulte, Benjamin, p. 13.

19. Cité par Sulte, Benjamin, p. 14-15.

20. Routhier, Adolphe-Basile, "Le Premier de l'An 1869", dans la **Revue Canadienne**, 1969, p. 52 à 55.

21. Buies, Arthur, **Chroniques, humeurs et caprices**, Darveau, Québec, 1873, p. 307 à 312.

22. **Mandements**, vol. II, décembre 1851, p. 187.

23. **Mandements**, vol. XVIII, 1926, p. 26 à 28.

24. **La Vérité**, 7 janvier 1882, p. 4.

25. **La Revue Populaire**, décembre 1916, p. 7.

26. **La Revue Populaire**, décembre 1927, p. 3.

27. Morissette, J.F., "L'enfant perdu", dans **Au coin du feu**", Piché, Montréal, 1883, p. 7.

28. **Revue Canadienne**, 4 janvier 1845, p. 7.

29. **Revue Canadienne**, 9 janvier 1846, p. 6-7.

30. **Mandements**, vol. I., février 1843, p. 230-231.

31. **Mandements**, vol. XV, février 1914, p. 216-217.

32. **Mandements**, vol. XVI, avril 1921, p. 362-363.

33. **L'Opinion Publique**, 12 janvier 1871, p. 21.

34. **La Revue Populaire**, janvier 1915, p. 95-96.

35. **Le Monde Illustré**, 8 janvier 1887, p. 283.

36. **La Revue Populaire**, janvier 1910, p. 92-93.

37. Françoise, **Chroniques du lundi de Françoise**, 11 janvier 1892, p. 27 à 30.

38. **La Presse**, 29 décembre 1918, p. 30.

Achevé d'imprimer sur les presses de
L'IMPRIMERIE ELECTRA*
pour
LES ÉDITIONS DE L'HOMME LTÉE
*Division du groupe Sogides Ltée

Imprimé au Canada/Printed in Canada

Ouvrages parus
chez les Éditeurs du groupe Sogides

Ouvrages parus aux
ÉDITIONS
DE L'HOMME

ART CULINAIRE

Art d'apprêter les restes (L'),
  S. Lapointe,
Art de la table (L'), M. du Coffre,
Art de vivre en bonne santé (L'),
  Dr W. Leblond,
Boîte à lunch (La), L. Lagacé,
101 omelettes, M. Claude,
Cocktails de Jacques Normand (Les),
  J. Normand,
Congélation (La), S. Lapointe,
Conserves (Les), Soeur Berthe,
Cuisine chinoise (La), L. Gervais,
Cuisine de maman Lapointe (La),
  S. Lapointe,
Cuisine de Pol Martin (La), Pol Martin,
Cuisine des 4 saisons (La),
  Mme Hélène Durand-LaRoche,
Cuisine en plein air, H. Doucet,
Cuisine française pour Canadiens,
  R. Montigny,
Cuisine italienne (La), Di Tomasso,
Diététique dans la vie quotidienne,
  L. Lagacé,
En cuisinant de 5 à 6, J. Huot,
Fondues et flambées de maman Lapointe,
  S. Lapointe,
Fruits (Les), J. Goode,

Grande Cuisine au Pernod (La),
  S. Lapointe,
Hors-d'oeuvre, salades et buffets froids,
  L. Dubois,
Légumes (Les), J. Goode,
Madame reçoit, H.D. LaRoche,
Mangez bien et rajeunissez, R. Barbeau,
Poissons et fruits de mer,
  Soeur Berthe,
Recettes à la bière des grandes cuisines
  Molson, M.L. Beaulieu,
Recettes au "blender", J. Huot,
Recettes de gibier, S. Lapointe,
Recettes de Juliette (Les), J. Huot,
Recettes de maman Lapointe,
  S. Lapointe,
Régimes pour maigrir, M.J. Beaudoin,
Tous les secrets de l'alimentation,
  M.J. Beaudoin,
Vin (Le), P. Petel,
Vins, cocktails et spiritueux,
  G. Cloutier,
Vos vedettes et leurs recettes,
  G. Dufour et G. Poirier,
Y'a du soleil dans votre assiette,
  Georget-Berval-Gignac,

DOCUMENTS, BIOGRAPHIE

Architecture traditionnelle au Québec (L'),
  Y. Laframboise,
Art traditionnel au Québec (L'),
  Lessard et Marquis,
Artisanat québécois 1. Les bois et les
  textiles, C. Simard,

Artisanat québécois 2. Les arts du feu,
  C. Simard,
Acadiens (Les), E. Leblanc,
Bien-pensants (Les), P. Berton,
Ce combat qui n'en finit plus,
  A. Stanké,-J.L. Morgan,

Charlebois, qui es-tu?, B. L'Herbier,

Comité (Le), M. et P. Thyraud de Vosjoli,

Des hommes qui bâtissent le Québec, collaboration,

Drogues, J. Durocher,

Epaves du Saint-Laurent (Les), J. Lafrance,

Ermite (L'), L. Rampa,

Fabuleux Onassis (Le), C. Cafarakis,

Félix Leclerc, J.P. Sylvain,

Filière canadienne (La), J.-P. Charbonneau,

Francois Mauriac, F. Seguin,

Greffes du coeur (Les), collaboration,

Han Suyin, F. Seguin,

Hippies (Les), Time-coll.,

Imprévisible M. Houde (L'), C. Renaud,

Insolences du Frère Untel, F. Untel,

J'aime encore mieux le jus de betteraves, A. Stanké,

Jean Rostand, F. Seguin,

Juliette Béliveau, D. Martineau,

Lamia, P.T. de Vosjoli,

Louis Aragon, F. Seguin,

Magadan, M. Solomon,

Maison traditionnelle au Québec (La), M. Lessard, G. Vilandré,

Maîtresse (La), James et Kedgley,

Mammifères de mon pays, Duchesnay-Dumais,

Masques et visages du spiritualisme contemporain, J. Evola,

Michel Simon, F. Seguin,

Michèle Richard raconte Michèle Richard, M. Richard,

Mon calvaire roumain, M. Solomon,

Mozart, raconté en 50 chefs-d'oeuvre, P. Roussel,

Nationalisation de l'électricité (La), P. Sauriol,

Napoléon vu par Guillemin, H. Guillemin,

Objets familiers de nos ancêtres, L. Vermette, N. Genêt, L. Décarie-Audet,

On veut savoir, (4 t.), L. Trépanier,

Option Québec, R. Lévesque,

Pour entretenir la flamme, L. Rampa,

Pour une radio civilisée, G. Proulx,

Prague, l'été des tanks, collaboration,

Premiers sur la lune, Armstrong-Aldrin-Collins,

Prisonniers à l'Oflag 79, P. Vallée,

Prostitution à Montréal (La), T. Limoges,

Provencher, le dernier des coureurs des bois, P. Provencher,

Québec 1800, W.H. Bartlett,

Rage des goof-balls (La), A. Stanké, M.J. Beaudoin,

Rescapée de l'enfer nazi, R. Charrier,

Révolte contre le monde moderne, J. Evola,

Riopelle, G. Robert,

Struma (Le), M. Solomon,

Terrorisme québécois (Le), Dr G. Morf,

Ti-blanc, mouton noir, R. Laplante,

Treizième chandelle (La), L. Rampa,

Trois vies de Pearson (Les), Poliquin-Beal,

Trudeau, le paradoxe, A. Westell,

Un peuple oui, une peuplade jamais! J. Lévesque,

Un Yankee au Canada, A. Thério,

Une culture appelée québécoise, G. Turi,

Vizzini, S. Vizzini,

Vrai visage de Duplessis (Le), P. Laporte,

ENCYCLOPEDIES

Encyclopédie de la maison québécoise, Lessard et Marquis,

Encyclopédie des antiquités du Québec, Lessard et Marquis,

Encyclopédie des oiseaux du Québec, W. Earl Godfrey,

Encyclopédie du jardinier horticulteur, W.H. Perron,

Encyclopédie du Québec, Vol. I et Vol. II, L. Landry,

ESTHETIQUE ET VIE MODERNE

Cellulite (La), Dr G.J. Léonard,
Chirurgie plastique et esthétique (La),
  Dr A. Genest,
Embellissez votre corps, J. Ghedin,
Embellissez votre visage, J. Ghedin,
Etiquette du mariage, Fortin-Jacques,
  Farley,
Exercices pour rester jeune, T. Sekely,
Exercices pour toi et moi,
  J. Dussault-Corbeil,
Face-lifting par l'exercice (Le),
  S.M. Rungé,
Femme après 30 ans (La), N. Germain,

Femme émancipée (La), N. Germain et
  L. Desjardins,
Leçons de beauté, E. Serei,
Médecine esthétique (La),
  Dr G. Lanctôt,
Savoir se maquiller, J. Ghedin,
Savoir-vivre, N. Germain,
Savoir-vivre d'aujourd'hui (Le),
  M.F. Jacques,
Sein (Le), collaboration,
Soignez votre personnalité, messieurs,
  E. Serei,
Vos cheveux, J. Ghedin,
Vos dents, Archambault-Déom,

LINGUISTIQUE

Améliorez votre français, J. Laurin,
Anglais par la méthode choc (L'),
  J.L. Morgan,
Corrigeons nos anglicismes, J. Laurin,
Dictionnaire en 5 langues, L. Stanké,

Petit dictionnaire du joual au français,
  A. Turenne,
Savoir parler, R.S. Catta,
Verbes (Les), J. Laurin,

LITTERATURE

Amour, police et morgue, J.M. Laporte,
Bigaouette, R. Lévesque,
Bousille et les justes, G. Gélinas,
Berger (Les), M. Cabay-Marin, Ed. TM,
Candy, Southern & Hoffenberg,
Cent pas dans ma tête (Les), P. Dudan,
Commettants de Caridad (Les),
  Y. Thériault,
Des bois, des champs, des bêtes,
  J.C. Harvey,
Ecrits de la Taverne Royal, collaboration,
Exodus U.K., R. Rohmer,
Exxoneration, R. Rohmer,
Homme qui va (L'), J.C. Harvey,
J'parle tout seul quand j'en narrache,
  E. Coderre,
Malheur a pas des bons yeux (Le),
  R. Lévesque,
Marche ou crève Carignan, R. Hollier,
Mauvais bergers (Les), A.E. Caron,

Mes anges sont des diables,
  J. de Roussan,
Mon 29e meurtre, Joey,
Montréalités, A. Stanké,
Mort attendra (La), A. Malavoy,
Mort d'eau (La), Y. Thériault,
Ni queue, ni tête, M.C. Brault,
Pays voilés, existences, M.C. Blais,
Pomme de pin, L.P. Dlamini,
Printemps qui pleure (Le), A. Thério,
Propos du timide (Les), A. Brie,
Séjour à Moscou, Y. Thériault,
Tit-Coq, G. Gélinas,
Toges, bistouris, matraques et soutanes,
  collaboration,
Ultimatum, R. Rohmer,
Un simple soldat, M. Dubé,
Valérie, Y. Thériault,
Vertige du dégoût (Le), E.P. Morin,

LIVRES PRATIQUES – LOISIRS

Aérobix, Dr P. Gravel,
Alimentation pour futures mamans,
  T. Sekely et R. Gougeon,

Améliorons notre bridge, C. Durand,
Apprenez la photographie avec Antoine
  Desilets, A. Desilets,

Arbres, les arbustes, les haies (Les),
  P. Pouliot,
Armes de chasse (Les), Y. Jarrettie,
Astrologie et l'amour (L'), T. King,
Bougies (Les), W. Schutz,
Bricolage (Le), J.M. Doré,
Bricolage au féminin (Le), J.-M. Doré,
Bridge (Le), V. Beaulieu,
Camping et caravaning, J. Vic et
  R. Savoie,
Caractères par l'interprétation des visages,
  (Les), L. Stanké,
Ciné-guide, A. Lafrance,
Chaînes stéréophoniques (Les),
  G. Poirier,
Cinquante et une chansons à répondre,
  P. Daigneault,
Comment amuser nos enfants,
  L. Stanké,
Comment tirer le maximum d'une mini-
  calculatrice, H. Mullish,
Conseils à ceux qui veulent bâtir,
  A. Poulin,
Conseils aux inventeurs, R.A. Robic,
Couture et tricot, M.H. Berthouin,
Dictionnaire des mots croisés,
  noms propres, collaboration,
Dictionnaire des mots croisés,
  noms communs, P. Lasnier,
Fins de partie aux dames,
  H. Tranquille, G. Lefebvre,
Fléché (Le), L. Lavigne et F. Bourret,
Fourrure (La), C. Labelle,
Guide complet de la couture (Le),
  L. Chartier,
Guide de la secrétaire, M. G. Simpson,
Hatha-yoga pour tous, S. Piuze,
8/Super 8/16, A. Lafrance,
Hypnotisme (L'), J. Manolesco,
Information Voyage, R. Viau et J. Daunais,
  Ed. TM,
Interprétez vos rêves, L. Stanké,

J'installe mon équipement stéréo, T. I et II,
  J.M. Doré,
Jardinage (Le), P. Pouliot,
Je décore avec des fleurs, M. Bassili,
Je développe mes photos, A. Desilets,
Je prends des photos, A. Desilets,
Jeux de cartes, G. F. Hervey,
Jeux de société, L. Stanké,
Lignes de la main (Les), L. Stanké,
Magie et tours de passe-passe,
  I. Adair,
Massage (Le), B. Scott,
Météo (La), A. Ouellet,
Nature et l'artisanat (La), P. Roy,
Noeuds (Les), G.R. Shaw,
Origami I, R. Harbin,
Origami II, R. Harbin,
Ouverture aux échecs (L'), C. Coudari,
Parties courtes aux échecs,
  H. Tranquille,
Petit manuel de la femme au travail,
  L. Cardinal,
Photo-guide, A. Desilets,
Plantes d'intérieur (Les), P. Pouliot,
Poids et mesures, calcul rapide,
  L. Stanké,
Tapisserie (La), T.-M. Perrier,
  N.-B. Langlois,
Taxidermie (La), J. Labrie,
Technique de la photo, A. Desilets,
Techniques du jardinage (Les),
  P. Pouliot,
Tenir maison, F.G. Smet,
Tricot (Le), F. Vandelac,
Vive la compagnie, P. Daigneault,
Vivre, c'est vendre, J.M. Chaput,
Voir clair aux dames, H. Tranquille,
Voir clair aux échecs, H. Tranquille et
  G. Lefebvre,
Votre avenir par les cartes, L. Stanké,
Votre discothèque, P. Roussel,
Votre pelouse, P. Pouliot,

LE MONDE DES AFFAIRES ET LA LOI

ABC du marketing (L'), A. Dahamni,
Bourse (La), A. Lambert,
Budget (Le), collaboration,
Ce qu'en pense le notaire, Me A. Senay,
Connaissez-vous la loi? R. Millet,
Dactylographie (La), W. Lebel,
Dictionnaire de la loi (Le), R. Millet,
Dictionnaire des affaires (Le), W. Lebel,
Dictionnaire économique et financier,
  E. Lafond,

Divorce (Le), M. Champagne et Léger,
Guide de la finance (Le), B. Pharand,
Initiation au système métrique,
  L. Stanké,
Loi et vos droits (La),
  Me P.A. Marchand,
Savoir organiser, savoir décider,
  G. Lefebvre,
Secrétaire (Le/La) bilingue, W. Lebel,

PATOF

Cuisinons avec Patof, J. Desrosiers,

Patof raconte, J. Desrosiers,
Patofun, J. Desrosiers,

SANTE, PSYCHOLOGIE, EDUCATION

Activité émotionnelle (L'), P. Fletcher,
Allergies (Les), Dr P. Delorme,
Apprenez à connaître vos médicaments,
  R. Poitevin,
Caractères et tempéraments,
  C.-G. Sarrazin,
Comment animer un groupe,
  collaboration,
Comment nourrir son enfant,
  L. Lambert-Lagacé,
Comment vaincre la gêne et la timidité,
  R.S. Catta,
Communication et épanouissement
  personnel, L. Auger,
Complexes et psychanalyse,
  P. Valinieff,
Contact, L. et N. Zunin,
Contraception (La), Dr L. Gendron,
Cours de psychologie populaire,
  F. Cantin,
Dépression nerveuse (La), collaboration,
Développez votre personnalité,
  vous réussirez, S. Brind'Amour,
Douze premiers mois de mon enfant (Les),
  F. Caplan,
Dynamique des groupes,
  Aubry-Saint-Arnaud,
En attendant mon enfant,
  Y.P. Marchessault,
Femme enceinte (La), Dr R. Bradley,
Guérir sans risques, Dr E. Plisnier,
Guide des premiers soins, Dr J. Hartley,

Guide médical de mon médecin de famille,
  Dr M. Lauzon,
Langage de votre enfant (Le),
  C. Langevin,
Maladies psychosomatiques (Les),
  Dr R. Foisy,
Maman et son nouveau-né (La),
  T. Sekely,
Mathématiques modernes pour tous,
  G. Bourbonnais,
Méditation transcendantale (La),
  J. Forem,
Mieux vivre avec son enfant, D. Calvet,
Parents face à l'année scolaire (Les),
  collaboration,
Personne humaine (La), Y. Saint-Arnaud,
Pour bébé, le sein ou le biberon,
  Y. Pratte-Marchessault,
Pour vous future maman, T. Sekely,
15/20 ans, F. Tournier et P. Vincent,
Relaxation sensorielle (La), Dr P. Gravel,
S'aider soi-même, L. Auger,
Soignez-vous par le vin, Dr E. A. Maury,
Volonté (La), l'attention, la mémoire,
  R. Tocquet,
Vos mains, miroir de la personnalité,
  P. Maby,
Votre personnalité, votre caractère,
  Y. Benoist-Morin,
Yoga, corps et pensée, B. Leclerq,
Yoga, santé totale pour tous,
  G. Lescouflar,

SEXOLOGIE

Adolescent veut savoir (L'),
  Dr L. Gendron,
Adolescente veut savoir (L'),
  Dr L. Gendron,
Amour après 50 ans (L'), Dr L. Gendron,
Couple sensuel (Le), Dr L. Gendron,
Déviations sexuelles (Les), Dr Y. Léger,
Femme et le sexe (La), Dr L. Gendron,
Helga, E. Bender,
Homme et l'art érotique (L'),
  Dr L. Gendron,
Madame est servie, Dr L. Gendron,

Maladies transmises par relations
  sexuelles, Dr L. Gendron,
Mariée veut savoir (La), Dr L. Gendron,
Ménopause (La), Dr L. Gendron,
Merveilleuse histoire de la naissance (La),
  Dr L. Gendron,
Qu'est-ce qu'un homme, Dr L. Gendron,
Qu'est-ce qu'une femme, Dr L. Gendron,
Quel est votre quotient psycho-sexuel?
  Dr L. Gendron,
Sexualité (La), Dr L. Gendron,
Teach-in sur la sexualité,
  Université de Montréal,
Yoga sexe, Dr L. Gendron et S. Piuze,

SPORTS (collection dirigée par Louis Arpin)

ABC du hockey (L'), H. Meeker,
Aikido, au-delà de l'agressivité,
  M. Di Villadorata,
Bicyclette (La), J. Blish,

Comment se sortir du trou au golf,
  Brien et Barrette,
Courses de chevaux (Les), Y. Leclerc,

Ouvrages parus à
L'ACTUELLE JEUNESSE

Ouvrages parus à
L'ACTUELLE

Allocutaire (L'), G. Langlois,
Bois pourri (Le), A. Maillet,
Carnivores (Les), F. Moreau,
Carré Saint-Louis, J.J. Richard,
Centre-ville, J.-J. Richard,
Chez les termites,
    M. Ouellette-Michalska,
Cul-de-sac, Y. Thériault,
D'un mur à l'autre, P.A. Bibeau,
Danka, M. Godin,
Débarque (La), R. Plante,
Demi-civilisés (Les), J.C. Harvey,
Dernier havre (Le), Y. Thériault,
Domaine de Cassaubon (Le),
    G. Langlois,
Dompteur d'ours (Le), Y. Thériault,
Doux Mal (Le), A. Maillet,
En hommage aux araignées, E. Rochon,
Et puis tout est silence, C. Jasmin,
Faites de beaux rêves, J. Poulin,
Fille laide (La), Y. Thériault,
Fréquences interdites, P.-A. Bibeau,
Fuite immobile (La), G. Archambault,

Jeu des saisons (Le),
    M. Ouellette-Michalska,
Marche des grands cocus (La),
    R. Fournier,
Monsieur Isaac, N. de Bellefeuille et
    G. Racette,
Mourir en automne, C. de Cotret,
N'Tsuk, Y. Thériault
Neuf jours de haine, J.J. Richard,
New Medea, M. Bosco,
Ossature (L'), R. Morency,
Outaragasipi (L'), C. Jasmin,
Petite fleur du Vietnam (La),
    C. Gaumont,
Pièges, J.J. Richard,
Porte Silence, P.A. Bibeau,
Requiem pour un père, F. Moreau,
Scouine (La), A. Laberge,
Tayaout, fils d'Agaguk, Y. Thériault,
Tours de Babylone (Les), M. Gagnon,
Vendeurs du Temple (Les), Y. Thériault,
Visages de l'enfance (Les), D. Blondeau,
Vogue (La), P. Jeancard,

Ouvrages parus aux
PRESSES
LIBRES

Amour (L'), collaboration
Amour humain (L'), R. Fournier,
Anik, Gilan, 3.00
Ariâme . . .Plage nue, P. Dudan,
Assimilation pourquoi pas? (L'),
    L. Landry,
Aventures sans retour, C.J. Gauvin,
Bateau ivre (Le), M. Metthé,
Cent Positions de l'amour (Les),
    H. Benson,
Comment devenir vedette, J. Beaulne,
Couple sensuel (Le), Dr L. Gendron,
Démesure des Rois (La),
    P. Raymond-Pichette,
Des Zéroquois aux Québécois,
    C. Falardeau,
Emmanuelle à Rome,
Exploits du Colonel Pipe (Les),
    R. Pradel,
Femme au Québec (La),
    M. Barthe et M. Dolment,
Franco-Fun Kébecwa, F. Letendre,
Guide des caresses, P. Valinieff,
Incommunicants (Les), L. Leblanc,
Initiation à Menke Katz, A. Amprimoz,
Joyeux Troubadours (Les), A. Rufiange,
Ma cage de verre, M. Metthé,

Maria de l'hospice, M. Grandbois,
Menues, dodues, Gilan,
Mes expériences autour du monde,
    R. Boisclair,
Mine de rien, G. Lefebvre,
Monde agricole (Le), J.C. Magnan,
Négresse blonde aux yeux bridés (La),
    C. Falardeau,
Niska, G. Robert,
Paradis sexuel des aphrodisiaques (Le),
    M. Rouet,
Plaidoyer pour la grève et la contestation,
    A. Beaudet,
Positions +, J. Ray,
Pour une éducation de qualité au Québec,
    C.H. Rondeau,
Québec français ou Québec québécois,
    L. Landry,
Rêve séparatiste (Le), L. Rochette,
Sans soleil, M. D'Allaire,
Séparatiste, non, 100 fois non!
    Comité Canada,
Terre a une taille de guêpe (La),
    P. Dudan,
Tocap, P. de Chevigny,
Virilité et puissance sexuelle, M. Rouet,
Voix de mes pensées (La), E. Limet,

Books published by HABITEX

Diffusion Europe

Belgique: 21, rue Defacqz — 1050 Bruxelles
France: 4, rue de Fleurus — 75006 Paris

Imprimé au Canada
Printed in Canada